Auteurs : Frédérique Van Her et Charlotte Legris

Lâcher prise
mode d'emploi

EDITIONS ESI

Sommaire

- Introduction 9
- Qui a besoin de lâcher prise ? Portrait-robot 11
- Un apprentissage tout au long de la vie 17
- À faire régulièrement 23
- Le cercle vertueux du lâcher-prise 29
- Lâcher-prise et comportement alimentaire 35
- Lâcher-prise et éducation 41
- Lâcher-prise et estime de soi 47
- Vie professionnelle : confiance, un maître mot 53
- Lâcher-prise, sentiment amoureux et vie de couple 59
- Soigner son perfectionnisme pour lâcher prise 65
- Qu'est-ce que la suradaptation ? 71
- S'en remettre à ses proches 77
- Revisiter ses émotions 83
- Se remettre en question 89
- Faire taire le mental 95
- Être 101
- S'alléger 107
- Sentir le flux 113
- La souffrance 119
- La peur 125
- L'anxiété 131
- La culpabilité 137
- L'envie 143
- La colère 149
- Changer 155
- Conclusion 161

Introduction

Pourquoi ce livre ?
Face à la vie stressante que nous menons, il est parfois difficile de nous sentir bien. Nous devons mener de front notre vie sociale, professionnelle et familiale, et il est souvent bien compliqué de prendre du temps pour se retrouver. Nous dépensons beaucoup d'énergie à vouloir tout contrôler, tout maîtriser. Nous sommes parfois inquiets, tendus, agités, débordés, fatigués. Peut-être est-il temps de nous occuper un peu de nous-mêmes et de vivre la vie qui nous correspond. Essayons de retrouver notre calme et notre sérénité : lâchons prise.
Mais comment lâcher prise ? Ce guide fournit les clés nécessaires pour comprendre et mettre en pratique cette notion ; il permet aussi bien à ceux qui souhaitent approfondir le sujet qu'à ceux qui le découvrent d'étudier en détail ce que le concept du lâcher-prise recouvre et implique. Il apporte notamment des réponses aux questions suivantes :

Comment apprendre le lâcher-prise ?
En quoi est-ce un cercle vertueux ?
Quels sont les liens avec l'alimentation et l'éducation ?
Comment soigner son perfectionnisme pour lâcher prise ?
Comment le lâcher-prise aide-t-il à gérer ses émotions ?

Ce guide du lâcher-prise se veut utile et pratique. Il peut aussi bien être lu de bout en bout que de façon ponctuelle en piochant des informations dans les différents chapitres. Tout y est expliqué simplement et les méthodes, si elles sont appliquées au quotidien, ouvrent grandement la voie à la sérénité.

Qui a besoin de lâcher prise ?
Portrait-robot

« C'est une perfection que de n'aspirer point à être parfait. »

Fénelon

Témoignage

« Je n'ai pas vraiment choisi mon métier : après mon école de commerce, je voulais ouvrir une boutique. Mais le job m'est tombé tout cuit et je n'ai pas eu la force morale de résister… Je vis avec ce regret de n'avoir su saisir ma chance quand je n'avais pas d'attaches. J'aurais certainement été plus libre, plus heureuse. Mais comme je suis consciencieuse et que j'ai une famille à nourrir, je m'efforce malgré tout d'être la meilleure commerciale de l'équipe. Côté famille, mon week-end ressemble à un marathon. Marché puis square le matin, courses en tout genre, préparation des menus de la semaine l'après-midi et le dimanche, je repasse les kilos de linge que j'ai mis à laver tous les soirs de la semaine, je range l'appartement. Je mets un point d'honneur à rendre visite très fréquemment à nos familles. Cela me mine, car les grands-mères vivent aux deux bouts de la France. Pour nous, les heures de train sont un calvaire qui me gâche le plaisir de prendre l'air. Des repas à rallonges, les jumeaux qui partagent notre chambre et qui bien souvent ont un sommeil agité quand nous dormons ailleurs qu'à la maison, je finis fréquemment le week-end sur les rotules. En bref, ma vie est faite de nombreuses obligations. J'ai très peu de temps pour moi et j'essaie toujours de faire plaisir aux autres. Parfois, j'ai un peu l'impression désagréable d'être systématiquement à leur service à toujours vouloir être l'employée, la maman, la fille et la belle-fille parfaite ! »

Marie-Christine, 39 ans

Un peu de théorie

Définition du profil type nécessitant de lâcher prise
La caractéristique principale de la personne ayant besoin de lâcher prise est son sens aigu du sacrifice. Elle se donne beaucoup de mal dans un emploi qui ne l'enthousiasme pas ou au service de sa situation familiale.
De plus, elle est sensible aux modèles de perfection qu'on lui propose. Elle a un esprit de « bon élève », elle veut toujours bien faire. C'est quelqu'un de plutôt consciencieux et altruiste. C'est aussi un pivot social, quelqu'un sur qui de nombreuses personnes comptent. Elle a donc des responsabilités. C'est une personne qui n'envisage pas de déléguer, peut-être par manque de confiance en son entourage, mais aussi par manque de confiance en elle-même. Cette personne a tendance à vivre dans le regret. Elle n'envisage que les aspects les plus roses d'une autre vie possible (le sentiment de liberté que celle-ci lui procurerait par exemple) en négligeant tous les autres aspects (créanciers à l'affût, surcharge de travail, vie de famille mise de côté), qui impliqueraient d'autres sacrifices que ceux qu'elle concède aujourd'hui. Nous sommes nombreux à être rongés par des regrets, des « si seulement » nous permettant d'échapper à notre propre existence en idéalisant ce qui ne s'est jamais passé ou la vie des autres. Certains s'attachent à une histoire d'amour qui n'a pas pu avoir lieu faute de réciprocité, d'autres au « job de leur vie » qu'ils ont manqué de peu, certains sont incapables d'acheter une maison depuis que celle de leurs rêves a filé sous leur nez…

Des situations courantes : nous sommes hélas tous concernés

En dehors des personnalités qui se sentent facilement sous pression, il existe également des situations de la vie courante, des éléments indépendants de notre volonté qui nous empêchent de cheminer sereinement dans la vie et de nous réaliser pleinement. Soit ils nous paralysent, soit ils nous épuisent, soit les deux. Ce sont bien ces situations-là sur lesquelles il faut exercer son lâcher-prise.

Rien de plus facile que de les identifier. Ce sont toutes les situations qui d'abord nous dérangent et qui prennent par la suite une place démesurée dans notre esprit. Nous ne parvenons pas à les chasser de nos pensées. Un voisin bruyant, des relations professionnelles difficiles, des tensions dans notre couple, des conflits avec nos enfants… Les parasites permanents sont ceux qui nous obligent au rapport de force, monopolisent notre énergie et nécessitent un surinvestissement affectif qu'il serait tellement mieux d'utiliser ailleurs, de manière positive ! En effet, au bout d'un certain temps, nous avons tendance à avoir une vision déformée de ces problèmes. Un souci somme toute assez banal prend des proportions démesurées, particulièrement si nous nous employons à lutter contre celui-ci en employant la force et non en rusant pour essayer de le contourner. Ce n'est pas toujours évident, mais cela peut éviter bien des ennuis. Si nous reprenons l'exemple du voisin bruyant, à moyen terme, il vaudra tout bêtement mieux engager la discussion, expliquer, plutôt qu'envoyer la police.

L'exemple typique des tâches ménagères au sein du foyer

Elles sont encore statistiquement l'apanage des femmes. Elles peuvent facilement devenir une routine chronophage et épuisante, dépassant la nécessité de simplement nettoyer pour devenir de vraies obsessions, amplifiées par le sentiment d'être les seules à s'en occuper. On entend souvent dire : « *Lorsque la maison n'est pas impeccable, j'ai du mal à me sentir bien.* » Selon un sondage Ipsos pour Mapa-Spontex du 3 février 2009, la moitié des femmes ont le sentiment d'en faire « beaucoup plus » que leur conjoint. Ce sentiment de responsabilité des femmes est prédominant, ce qui signifie qu'elles ressentent fortement cette charge, même si elles ne souhaitent pas la subir. En effet, toujours selon ce sondage, les tâches ménagères sont une source de conflit au sein d'un couple sur deux. En clair, les femmes ont l'impression de tout faire au sein du foyer, ont un seuil de tolérance à la saleté et au désordre bien inférieur à celui des hommes et entrent en conflit avec ceux-ci dans le but de les voir prendre des initiatives, et pourquoi pas un balai-brosse par la même occasion.

Que peut-on en déduire ? Simplement que dans le domaine de la vie domestique, les femmes s'obligent à une routine qu'elles ne vivent pas forcément bien et qu'elles sont en lutte avec leur conjoint pour que celui-ci participe enfin à ces tâches ménagères.

En bref, les travaux domestiques sont à l'origine d'une forte pression que s'infligent nombre de femmes, d'où une vraie nécessité pour elles de lâcher prise.

À RETENIR

Ce sont les ennemis du lâcher-prise, les pensées contre lesquelles nous luttons quand nous ne lâchons pas prise.

Par rapport au passé, ce sont les regrets qui nous empêchent de profiter pleinement du moment présent.

Par rapport au présent, c'est souvent la colère ou la jalousie.

Par rapport au futur, c'est le désir d'atteindre un objectif inaccessible.

Ce sont des modèles de perfection que crée notre société (ainsi l'idée selon laquelle une femme accomplie doit être une bonne ménagère, une idée certes ancienne, mais qui illustre bien le genre de pression assez absurde que chacun peut s'infliger). Chaque personne y est plus ou moins sensible et est plus ou moins influencée par ces pensées parasites.

Chacun de nous peut trouver comment rendre sa vie meilleure, plus sereine et plus agréable. Faire toujours mieux… En effet, nous avons tous de petits ou de grands regrets, des sujets de colère ou d'angoisse récurrents, des obsessions, pas forcément importantes, mais qui nous empêchent de vivre notre vie exactement comme nous l'entendons.

Un apprentissage tout au long de la vie

« Apprends à faire tranquillement ce qui doit être fait, sans te jeter dessus, et sans bruit ni fanfare. »

Eileen Caddy

Témoignage

« J'ai eu un déclic le jour où j'ai vraiment lâché prise. J'ai compris comment mon esprit fonctionnait. J'ai pris conscience des souffrances inutiles que je subissais et que j'imposais aux autres. J'avais la fâcheuse manie de contrôler mon entourage, mais je n'en avais pas vraiment conscience. Si je "surveillais" mon fils Julien, en lui demandant de me montrer ses devoirs, c'était pour l'aider. Lorsque je demandais à mon épouse, Magalie, si elle était allée au supermarché, c'était pour savoir si je devais le faire. Mais je ne me rendais pas compte que c'était pesant pour eux. Ils avaient l'impression d'être contrôlés. Je l'ai compris plus tard, à la suite d'une scène de ménage bien méritée. J'ai réalisé que je n'avais pas à m'immiscer ainsi dans leurs habitudes. Ils y arrivaient très bien sans moi. Il était inutile que je les interroge sans cesse et que je me mêle de tout, comme j'avais pris l'habitude de le faire. J'ai lâché prise. Je leur laisse dorénavant tout leur pouvoir. Ils décident sans mon « précieux » avis. Je les laisse vivre, en un mot. Du coup, nos relations se sont améliorées et je ne ressens plus le stress que je m'infligeais. Je ne m'en rendais même pas compte. Je vérifiais tout ! Cela a été une première étape. Mais c'était loin d'être suffisant. Je me suis aperçu que j'avais beaucoup de choses à modifier dans mon comportement.

En effet, ce que je faisais à la maison, je le faisais aussi au bureau et même en faisant mes courses ! Progressivement, je me suis libéré de tout ce qui provoquait de la pression. Par exemple, j'avais des a priori sur certaines personnes. Je ne les voyais pas telles qu'elles étaient réellement. J'avais aussi des croyances stupides quant à mon rôle d'homme. Je m'empêchais de pleurer. Aujourd'hui, je respecte mes émotions et je m'autorise à les montrer. Mais je sais que j'ai encore beaucoup à apprendre. Je n'ai pas fini de me découvrir. Ça n'est pas de tout repos. Cela me demande énormément de vigilance et de volonté. Mais je veux vivre de façon intègre et essayer de ne pas gâcher mon existence. Je veux faire la chose juste, celle qui me correspond. J'avance sans filet. C'est à la fois excitant et terrifiant. Je m'efforce de vivre dans l'instant et de faire chaque jour ce que je dois faire. Je suis devenu beaucoup plus humble. J'ai grandi. J'ai davantage d'empathie aussi. Je sais que je progresse, même si mon évolution n'est pas spectaculaire. Je me sens de mieux, de plus en plus entier. »

Marc, 40 ans

Un peu de théorie

Intégrons le lâcher-prise progressivement
Au fil des années, nous avons construit notre personnalité. Mais nous avons aussi adopté, plus ou moins consciemment, des principes et des croyances qui nous desservent. Nous ne pouvons pas nous défaire du jour au lendemain de tout ce conditionnement issu de nos parents, de l'école et, d'une façon plus générale, de la société. Nous avons mis des années à être ce que nous sommes. Nous ne pouvons pas ôter le superflu d'un seul coup. Lâcher prise requiert du temps car c'est un processus qui se vit, s'expérimente et s'apprend. C'est au fur et à mesure que nous nous défaisons de nos croyances

encombrantes, que nous prenons de plus en plus conscience de qui nous sommes réellement. Mais il faut lever chaque voile, un à un.

Combien de temps pour lâcher prise ?

La première expérience de lâcher-prise permet de saisir comment il opère. Mais, ce n'est qu'un début. Pour devenir vraiment entiers, il faut se délivrer de tout ce qui n'est pas indispensable. Nous devons nous débarrasser de nos conditionnements et cesser de nous identifier à l'ego. Cela demande du temps. Les épreuves ou les occasions de lâcher-prise se succéderont tant que nous serons insatisfaits. Cela varie d'une personne à l'autre, puisque chaque être est unique. Ensuite, nous devons veiller à demeurer dans le moment présent.

Expérimentons sans cesse

Le lâcher-prise est un processus. À chaque fausse inquiétude, nous devons essayer de ne pas faire réagir notre ego. Efforçons-nous de prendre le recul nécessaire pour saisir la situation et lâcher prise. Essayons d'acquérir de nouveaux réflexes. Même s'ils semblent difficiles au début, plus nous les mettrons en pratique, plus ils nous paraîtront simples. Nous découvrirons alors que cela est possible et nous nous approcherons de plus en plus de qui nous sommes.

Surveillons nos réactions

Nos réactions sont souvent automatiques. Nous ne réfléchissons pas et, par exemple, nous nous mettons en colère. Nous devons nous libérer de nos réactions mécaniques. Pour cela, décidons de ne plus nous laisser guider par elles. Réagir conduit toujours dans une même direction, à savoir une impasse. Les réactions masquent et ne révèlent rien. Nous devons donc ne pas réagir, mais être conscients. C'est la tâche la plus difficile à effectuer. Ensuite, nous devons prendre du recul et observer. C'est ainsi que nous apprenons ce qui se passe en nous. « *Apprendre signifie découvrir* », indique Guy Finley.

Une vigilance bienveillante

Plus nous avançons sur le chemin du lâcher-prise, plus nous prenons conscience rapidement d'une émotion. Par exemple, nous avons un accès de colère en nous trouvant dans un embouteillage. Nous pouvons aisément modifier notre pensée à l'origine de cette mauvaise humeur. Le plus simple pour nous en débarrasser est d'en rire. Moquons-nous gentiment de nous-mêmes. Ne laissons plus les pensées maussades envahir le reste de notre journée.

Un processus d'évolution

« Plus nous évoluons intérieurement, plus notre vie devient facile » nous dit Guy Finley, cet expert en lâcher-prise. En nous détachant, nous nous ouvrons à notre spiritualité. Les barrières disparaissent. L'auteur nous suggère de pratiquer le plus souvent possible le « détachement de soi ». Nous devons ne pas faiblir et tenir bon : c'est la seule façon de nous transformer et d'avancer dans la découverte de soi.

Sur le chemin d'une nouvelle vie

En adoptant le lâcher-prise, nous osons nous aventurer vers l'inconnu. Nous abandonnons nos vieux réflexes et nos anciennes croyances. Nous cessons de nous laisser dominer par notre ego, qui ne nous apportait que souffrances et angoisses. Nous découvrons ainsi notre véritable nature, à savoir notre être essentiel. Nous sommes à présent capables d'apprécier pleinement, par exemple, la beauté de la nature environnante. Nous accédons à davantage de tranquillité et de sérénité. Nous sommes en mesure de veiller sur nos émotions et de ne pas nous laisser envahir par les pensées négatives. La vie qui s'ouvre à nous est, de ce fait, beaucoup plus joyeuse.

À RETENIR

Soyons forts et volontaires : ne laissons plus notre ego mener la danse. Mais notre ego voudra sans cesse revenir sur le devant de la scène. Décidons de ne plus nous identifier à lui.

Lâcher prise requiert d'être présent. Cela exige, chaque jour, de l'attention et de la persévérance.

Le lâcher-prise est un processus qui s'applique quand cela est nécessaire. C'est un chemin qui s'effectue en plusieurs étapes.

La prise de conscience est essentielle. Sans conscience le lâcher-prise est impossible. C'est grâce à la conscience que nous pouvons nous apercevoir de nos réactions pour les modifier.

La réaction ne nous conduit qu'à un seul endroit : la peur et la colère. C'est une impasse. Si nous choisissons de ne pas la suivre, nous demeurons ouverts.

Le lâcher-prise mène à soi. C'est grâce à cette pratique que nous pouvons découvrir notre être essentiel, qui est spirituel.

À faire régulièrement

« Savoir et ne pas agir, c'est ne pas savoir. »

Dicton chinois

Témoignage

« J'ai établi une règle de vie pour vivre le plus possible en accord avec moi. Je m'accorde deux heures chaque matin. J'essaie de m'y tenir même si parfois les circonstances ne sont pas favorables. Je me lève tôt. Cela me permet de profiter du silence de la maison : tout le monde dort encore. J'ai aménagé une pièce en bureau-salon de repos. C'est là que je m'installe chaque matin pour me relaxer. Je mets une musique appropriée, je m'assois sur une chaise, le dos bien droit. Je ferme les yeux et je me concentre sur la musique. Je reste ainsi environ vingt minutes. Parfois, j'ai tendance à m'assoupir si je suis fatiguée mais je m'efforce de demeurer présente. Ensuite, je fais des mouvements de taï-chi-chuan pendant environ trente minutes. Après cette séance, je suis vraiment centrée et prête à démarrer la journée. J'entends les enfants qui se lèvent et le défilé dans la salle de bains commence. Je prépare le petit déjeuner pour toute la famille. Pendant que mon mari et mes enfants mangent, je file dans la salle de bains. Lorsque j'en ressors tout le monde s'apprête à partir. Je les embrasse. La porte se referme et là, c'est un moment délicieux. Je suis seule pour déguster dans le calme mes tartines et mon thé. Ensuite, je peux partir, à mon tour, au bureau. Je me fais plaisir régulièrement. J'adore passer une heure dans le rayon développement personnel d'un grand magasin. J'en profite aussi pour écouter des musiques que je ne connais pas. Une fois par semaine, je vais à un cours de taï-chi. Depuis que j'ai découvert cette discipline, je me sens vraiment bien. Cela m'a

transformée. Je suis désormais extrêmement présente. Je vais souvent à des conférences concernant la spiritualité. J'ai découvert récemment des cours d'initiation à la méditation que je vais bientôt tester. J'aime apprendre. Une journée sans sourire est une journée gâchée : je veille à trouver des prétextes à rire. Et j'en trouve tous les jours, heureusement. J'essaie de vivre le plus pleinement possible. Parfois, je fais des choses un peu bêtes, histoire de rire davantage. J'aime bien les boutiques de jouets. J'essaie tous les articles qui émettent des sons ou de la musique. J'appuie sur le ventre du bébé qui pleure, j'enclenche le programme d'une poupée qui chante, j'essaie le xylophone. Bref, je m'amuse comme une gamine. Cela me fait du bien même si les clients me regardent parfois avec un œil désapprobateur ou consterné. »

Valérie, 42 ans

Un peu de théorie

Instaurons un rituel matinal

Essayons d'élaborer un rituel journalier destiné à nous consacrer du temps. Ainsi Valérie se livre tous les jours à la relaxation et au taï-chi. Elle a fait en sorte de prendre son petit déjeuner seule. Il s'agit de trouver des tâches qui nous relient et nous fassent du bien. Ce rituel doit être personnel. Certains voudront se livrer à une série de mouvements corporels, d'autres souhaiteront écrire pendant vingt minutes. L'idéal est de le faire chaque matin car l'objectif est de démarrer la journée en nous faisant du bien.

Chaque journée doit nous permettre de rire

Veillons à ce que chacune de nos journées soit joyeuse. La vie est beaucoup plus légère si nous rions. Le rire se cultive tout comme l'optimisme. Tenons-nous prêts à saisir les occasions de rire ou de sourire. Lorsque la journée commence avec un beau ciel bleu, réjouissons-nous. Rire fait partie d'une attitude de vie. Choisissons une vie joyeuse plutôt qu'une vie triste.

Faisons-nous plaisir

Prenons soin de nous en nous choyant, comme nous ferions avec un enfant. Ayons la même attention bienveillante, chaleureuse et aimante envers nous. Nous avons envie de suivre des cours de poterie. Faisons-le. Accordons-nous régulièrement du plaisir : offrons-nous des petits cadeaux, organisons des escapades solitaires pour découvrir des endroits qui n'émerveillent que nous, sachons nous gâter et nous dorloter. Nous le méritons !

Ne nous prenons pas au sérieux

Adoptons l'esprit de dérision. Il nous permet de prendre du recul sur les événements. Il nous simplifie la vie en la rendant plus légère.

Cultivons notre esprit enfantin

Prenons cinq euros et achetons-nous des choses stupides qui réjouissent notre âme d'enfant : des bonbons, des étoiles, des anges, des colliers, etc. Autorisons-nous à faire des choses que nous aimerions faire mais que ne faisons pas.

Enrichissons notre spiritualité

Il peut être utile d'avoir sur soi un petit carnet pour noter ce qui nous nourrit. Par exemple, nous remarquons une annonce pour une conférence qui nous intéresse. Nous n'avons pas envie d'assister à la conférence mais le thème nous intéresse. Inscrivons-le dans notre carnet. Nous chercherons plus tard des ouvrages sur ce sujet. Une nouvelle revue parlant du cerveau paraît. Procurons-nous le premier numéro. Peut-être déciderons-nous par la suite de nous abonner. Des ateliers sur la médiumnité ont lieu. Inscrivons-nous s'ils nous intéressent. Ouvrons-nous. Soyons curieux. Enrichissons-nous.

Vidons nos armoires

À chaque changement de saison, faisons le tri dans nos armoires : jetons ce qui est usé. Donnons ce que nous ne porterons plus, ce qui ne nous va plus. Comme le conseille Dominique Loreau, trouvons notre style et arrêtons de suivre les modes. Optons pour la simplicité et des tenues dans lesquelles nous nous sentons bien.

Mettons de l'ordre dans nos têtes

Notre esprit n'est pas toujours en ordre et nous le savons. Regardons ce qui nous dérange. Établissons une liste de choses qui ne vont pas : les émotions par exemple. Dressons la liste des émotions qui nous font souffrir. Quelles sont les choses ou les pensées qui provoquent ces émotions ? Établissons la liste. Faisons le bilan.

Notre aptitude à lâcher prise

Avons-nous encore des liens nous empêchant de lâcher prise ? Voici une liste de questions pour nous en rendre compte :
- Notre attitude correspond-elle à notre intention ?
- Voulons-nous agir sans réussir à le faire ?
- Souhaitons-nous arrêter d'agir et ne pas y parvenir ?
- Avons-nous tendance à imposer ? À contrôler ?
- Écoutons-nous les autres ?
- Avons-nous peur ?
- Jugeons-nous les autres ?
- Écoutons-nous nos émotions ?

Répondons régulièrement à cette liste.

Si notre présence faiblit

Il nous est parfois difficile d'être dans le moment présent. Ayons alors le réflexe d'y remédier et accordons-nous le temps nécessaire pour nous ressourcer. Marchons en pleine nature. Aménageons-nous des plages horaires pour nous relaxer ou méditer. Soyons à l'écoute de notre corps. Écoutons le silence.

À RETENIR

Nous avons besoin de nous centrer pour pouvoir vivre dans le [...] présent. Efforçons-nous de planifier un moment de la journée po[ur] sentir reliés.

Le rire est bon pour la santé, c'est reconnu. Saisissons les opportuni[tés de] rire pour notre bien-être personnel.

Nous devons veiller à nous faire plaisir régulièrement, d'une part p[our] garder le moral et d'autre part pour être attentifs à nous. Il est nécess[aire] de nous respecter.

Ne nous prenons surtout pas trop au sérieux. Sommes-nous si importants que cela ?

Écoutons la part enfantine qui réside en nous et livrons-nous de temps en temps à des activités ludiques.

Veillons à aiguiser notre curiosité pour pouvoir apprendre et nous sentir plus riches.

Faisons le ménage régulièrement dans nos armoires et dans nos têtes. Allégeons-nous.

Nous pouvons faiblir dans notre aptitude à lâcher prise. Nous devons y remédier en nous recentrant.

Le cercle vertueux du lâcher-prise

*« Il n'y a rien de plus facile à dire
ni de plus difficile à faire que de lâcher prise. »*

Santoka

Témoignage

« J'ai divorcé dans des circonstances douloureuses, car j'ai découvert que mon mari me trompait depuis quinze ans, je n'avais plus confiance en rien ni en personne. Mes enfants souffraient de ce divorce, car je me confiais énormément à eux. Avoir une mère en détresse doit être très perturbant pour des ados. Au travail, ce n'était pas mieux. Je m'étais mise à surveiller tout le monde ! C'est pourquoi j'ai pris l'initiative d'être coachée. La personne qui m'a aidée à repenser mes relations au travail s'est beaucoup penchée sur ma vie personnelle. Je lui ai raconté combien il était désormais difficile pour moi de faire confiance à quiconque. Je lui ai raconté ma peur de m'enfermer dans une spirale dans laquelle je serais sans fin trahie par mes proches. En me faisant travailler la méditation, c'est-à-dire la jouissance de l'instant présent, elle m'a fait comprendre que seul celui-ci comptait, car il est bien réel, et qu'en faire un moment positif ne dépend que de nous. Ma peur d'être trahie au travail provenait évidemment de mes expériences passées. J'ai compris que, désormais, le passé n'existait plus car, par définition, il était terminé. Et je n'aurais pas à le revivre. Cela m'a permis de mieux vivre avec mes souffrances. J'ai regagné la confiance de mon équipe. Et peu à peu, mes relations avec mes enfants se sont équilibrées. Me sentant plus forte, j'ai pu me sentir à nouveau *protectrice pour eux et établir également une relation de respect distant avec mon ex-mari. »*

Marie-Odile, 48 ans.

Un peu de théorie

De l'importance de l'impulsion initiale pour lâcher prise

Le lâcher-prise est comparable à un muscle. Comme un muscle entraîné qui continue à brûler des calories même au repos, le lâcher-prise exerce une activité alors qu'il semble en état d'inertie : même lorsque l'on n'est pas conscient de le solliciter, s'il est bien entraîné, il travaille en permanence et, de ce fait, change non pas un seul domaine de l'existence, mais tous. Ainsi, le lâcher-prise devient un réel état d'esprit. C'est une pratique qui se nourrit d'elle-même. Cela signifie qu'elle demande peu d'efforts, seulement celui de l'impulsion initiale (ainsi qu'une petite dose de persévérance pour les plus coriaces). Ensuite, elle devient parfaitement naturelle.

Comment siffler le coup d'envoi d'une vie plus sereine ? Il suffit bien souvent de changer un seul élément de son existence, pour peu qu'il soit assez stratégique.

Par exemple, si vous venez de vivre une rupture amoureuse, vous pourrez envisager toutes les possibilités de vie jusqu'alors ignorées : déménagement, changement d'emploi, nouvelles fréquentations, etc.

Au quotidien, faites des petites choses qui peuvent sembler insignifiantes comme changez vos meubles de place. Après tout, qu'est-ce qui vous en empêche, sinon vous-même ? Allez parler à ce sans-abri près de chez vous pour essayer de lui apporter du réconfort, testez ce restaurant qui vous fait envie depuis des mois, changez de côté du lit… Lâcher prise avec ses habitudes permet de voir sa vie autrement et de faire en sorte que d'autres choses changent.

Se consacrer à une seule chose à la fois pour bien avancer
Comme disent les Anglais : « *Focus* ! » Il n'existe pas de traduction littérale. Cela signifie à la fois qu'il faut se concentrer, viser juste, évaluer lucidement la situation et les outils dont nous disposons pour progresser. C'est une méthode qui tient autant du désir d'efficacité que des principes du zen… c'est dire si elle est universelle !

La concentration sur une seule chose à la fois est la recette qui fonctionne à coup sûr. On s'attelle simplement à une seule tâche pour ne pas avoir à se préoccuper de tout faire en même temps et de prendre le risque de bâcler et d'être aux prises avec la multitude de responsabilités qui nous accablent sans pouvoir déterminer clairement quelles sont les priorités et quels bénéfices retirer des problèmes qui ont une solution.

On commence par traiter une question particulière. Ainsi, on obtient rapidement une réponse et la satisfaction est plus immédiate que lorsque toutes les questions se posent de front. Après une réussite, on a plus l'énergie et l'envie d'attaquer la phase suivante, et ainsi de suite. À l'heure où les mails arrivent en rafales incessantes et où le téléphone ne nous laisse jamais en paix, la concentration est un vrai défi. Mais c'est aussi la méthode qui change tout et permet de pleinement se réaliser. C'est une forme de méditation appliquée au travail. Vivre pleinement l'instant présent, que ce soit pour résoudre un problème professionnel ou profiter de la beauté du paysage, c'est toujours lâcher prise.

Lâcher-prise : l'art de cultiver l'essentiel et la simplicité
Le lâcher-prise, par son apparence audacieuse, peut passer pour de la désinvolture, car il remet en cause des habitudes qui ne sont pas forcément injustifiées, des règles de vie qui répondent à certains besoins et à des fonctionnements préétablis. Il remet en question un mode de vie auquel on s'est habitué. Le lâcher-prise fait voler en éclat une routine qui peut être rassurante et le changement est souvent perçu comme effrayant. Évidemment, au fond, le

lâcher-prise n'est ni cavalier, ni désinvolte. Changer un acquis pour voir la vie autrement, remettre en cause ce qui a toujours existé, c'est simplement tenter de se concentrer sur l'essentiel, à savoir : quel est le sens de tout cela ? Suis-je vraiment obligé de passer ce week-end en famille ? Quelles seraient les conséquences si je ne m'y rendais pas ? Sûrement moins graves, si on y réfléchit, que celles imaginées jusqu'à présent quand on se pliait, par devoir, à ce rituel. On pourrait émettre un jugement à l'emporte-pièce : « *Il (elle) est un égoïste, il n'honore pas les fêtes de famille de sa présence.* » Mais, à y regarder de plus près, puisque le but est de passer du temps avec chacun de ses parents, pourquoi ne pas les voir tranquillement, séparément, pour un vrai moment d'échange ? C'est tout cela le lâcher-prise. Se défaire de ses obligations pour aller au cœur du sens des choses. C'est redonner à nos actes leur sens originel en les débarrassant des usages pas toujours utiles qui se sont greffés sur eux avec le temps.

À RETENIR

Avec quelques expériences sur sa propre existence, on peut faire du lâcher-prise un état d'esprit qui s'étend à toute notre vie si nous le laissons faire. L'important étant de trouver les « pivots » de ce lâcher-prise, c'est-à-dire les éléments stratégiques à modifier, du plus anodin au plus grave, du plus léger en apparence au plus déterminant.

Si cette impulsion de départ a son importance, il est nécessaire d'effectuer un vrai travail sur soi pour obtenir la plus grande concentration possible. Effectuer une tâche après l'autre est bien plus gratifiant que de vouloir, selon des préceptes hasardeux, assumer tous les problèmes de front. En effet, on en retirera satisfaction et enseignement.

Cette concentration que nécessite le lâcher-prise participe également à la recherche de l'essentiel. Ne pas s'égarer dans des problèmes annexes, chercher avec sagesse du sens à chaque chose que l'on fait sans s'éparpiller, le lâcher-prise est fait de tout cela. Il permet de cultiver l'essentiel, de s'y consacrer pleinement, avec toute son énergie.

Lâcher-prise et comportement alimentaire

« L'absence de faim est un drame sur lequel nul ne s'est penché. »

Amélie Nothomb

Témoignage

« Je suis gourmande, j'aime les bonnes choses, c'est comme ça ! Mon plus vieux souvenir de régime date de l'âge de 8 ans. J'étais « hors de la courbe », dixit le pédiatre… À moi les yaourts 0 % et les légumes verts sans beurre ! J'ai vite pris le pli de décompter l'intégralité de ce qui passait dans mon estomac. Et pour compenser mon inévitable frustration, je me jetais sur les friandises dès qu'elles passaient à ma portée. Évidemment, j'étais rongée de culpabilité. Et comme j'étais si minable, je méritais d'être punie en grossissant encore, je remangeais donc… Cette situation ne s'est pas améliorée à l'adolescence, entre interdits alimentaires et abandon boulimique. Jusqu'au jour où mon généraliste m'a conseillé quelques astuces pour simplement lâcher prise dans mon rapport à la nourriture. D'abord, il me fallait m'accepter telle que j'étais. J'ai appris à me trouver des vêtements qui mettaient en valeur mes formes généreuses. Et enfin, le plus important selon moi, j'ai appris à m'écouter, à ne plus tout contrôler, à ne plus suivre de protocole alimentaire. Et j'ai été surprise ! Surprise de constater qu'au bout de deux jours non-stop de chocolat, mon organisme avait envie de fruits, de légumes frais. En réalité, j'ai surtout appris

à me faire confiance, à m'écouter… Aujourd'hui, j'ai perdu quelques kilos, mais pas tous ceux que j'ai tant détestés durant mon adolescence, et j'ai gagné une belle assurance qui fait bien plus de ravages qu'une taille zéro. »

Alexandra, 36 ans.

Un peu de théorie

Calories, culpabilité et frustration, un cocktail toxique

« *Mangez moins, vous perdrez du poids !* » clament les magazines à chaque début de printemps afin d'inciter les femmes à faire un énième régime pour avoir une jolie silhouette l'été suivant. Facile à dire… La manière la plus simple de maigrir est, selon eux, de faire un régime, c'est-à-dire d'adopter un comportement alimentaire qui ne nous est pas naturel. Mais on ne mesure pas les conséquences de celui-ci à long terme. Entamer un régime, c'est entrer dans une logique de contrôle, où nous perdons de vue l'envie de manger ou de ne pas manger. Nous faisons passer des règles extérieures avant notre ressenti et nos besoins, que nous négligeons. Le contrôle de l'alimentation a pour effet de créer des règles strictes. Et chacun sait que les règles sont faites pour être enfreintes, ou créer de la frustration. Si on craque pour un pain au chocolat à 16 heures, on culpabilise. Et si on ne carbure qu'au poisson vapeur-haricots verts, on se crée à coup sûr une immense frustration. Notre manière de manger est différente lorsque nous sommes bien dans notre peau et quand nous ne le sommes pas. La nourriture est un refuge, une consolation ou, à l'inverse, une punition. Notre manière de nous nourrir est complètement déréglée.

À vouloir se fixer des règles strictes et peu adaptées à nos goûts, nous prenons donc le risque de redoubler de gourmandise et d'obtenir du même coup l'inverse de ce qu'on espérait. C'est à ce moment-là que le régime échoue, ayant l'effet contraire de celui escompté.

Lâcher prise sur les impératifs de beauté, cela rend belle

Les critères de beauté sont très subjectifs. Valent-ils bien la peine qu'on les érige immédiatement en absolu, tant ils changent selon les pays, les époques ? Rousse une année, blonde l'année suivante, mais surtout potelée en hiver et mince comme un fil au printemps suivant. La beauté suprême change presque d'une année à l'autre. Impossible pour une femme normalement constituée de s'adapter à cela, sous peine d'y laisser sa santé, son énergie… et même sa beauté ! Et quelle perte de temps de chercher à tout prix à être « à la mode » ! Une très large majorité de femmes a déjà suivi au moins un régime au cours de sa vie. Pourtant, bien peu sont satisfaites de leur apparence. Est-ce à dire que les régimes n'apportent jamais la pleine satisfaction ? Coco Chanel, quoique talentueuse par ailleurs, affirmait, jouant ainsi son rôle de papesse intransigeante de la mode : « *Une femme n'est jamais trop riche ni trop mince.* » Cela illustre bien la course permanente à toujours plus de perfection, mais qui passe par beaucoup trop de restrictions et de frustrations. Les femmes qui ont abandonné des rêves de minceur absolue pour enfin assumer pleinement leur physique s'en trouvent plus heureuses que celles qui luttent sans cesse contre leur gourmandise et contre elle-même. Et bien souvent, par un effet de réajustement à leurs besoins, celles qui s'écoutent finissent par perdre les kilos qui leur pèsent pour retrouver le poids qui convient à leur physiologie. Belle parabole du lâcher-prise…

Écouter son corps et ses envies pour savourer la vie

L'hypercontrôle de l'alimentation provient de l'accumulation de régimes misant sur le fait que l'on dose quasi scientifiquement tout ce que l'on va mettre dans son assiette. Nous surveillons notre alimentation sans jamais réfléchir simplement à ce que notre corps réclame, à nos envies comme à nos dégoûts, nos rythmes, notre appétit. Apprendre à se nourrir selon nos réels besoins est un long travail. Dans un premier temps, si nos envies sont frénétiques et excessives, il faut apprendre à y céder pour vérifier qu'au bout d'un moment, le corps réclame certains aliments plutôt que d'autres. Nous avons tous en nous un sens de l'équilibre qu'il suffit de mettre à l'épreuve pour le retrouver. Par exemple, celle qui aime passionnément le chocolat pourra s'en nourrir exclusivement pendant quelques repas. Elle sera rapidement écœurée et affaiblie par ce régime trop exclusif. Très vite, elle se rendra compte qu'elle ne rêve plus que de légumes verts et de viande !

Le plaisir de manger est le plus puissant effet rassasiant qui existe. Avoir pleinement conscience du moment que l'on partage, dresser une table, identifier les goûts, les odeurs, les textures, signale tout simplement au cerveau que nous sommes pleinement à notre activité. C'est une vraie méditation par l'alimentation. Cette faculté à être dans l'instant permet de lâcher prise avec des normes trop générales pour être adaptées et redonne ainsi tout son sens au fait de se nourrir. Cela redevient enfin un acte naturel.

À RETENIR

À trop vouloir contrôler ce que l'on met dans son assiette, on perd de vue les besoins naturels, les goûts et le plaisir que procure la table. Ainsi, on obtient l'effet inverse de celui que l'on souhaite : on grossit fatalement par réaction. Il peut s'ensuivre, si l'on n'est pas vigilant, une réaction en chaîne de régimes de plus en plus néfastes.

Il est bien difficile de trouver une femme pleinement satisfaite de son apparence. Nombreuses sont celles qui suivent des régimes alimentaires sans parvenir à leurs fins. À croire que ceux-ci promettent plus qu'ils n'apportent. Au lieu de lutter pour atteindre des chimères, il vaut mieux apprendre à s'aimer, à se mettre en valeur avec ses atouts.

S'accepter c'est déjà commencer par être à sa propre écoute. Pour lâcher prise définitivement avec les diktats alimentaires, il faut écouter sa voix intérieure, celle qui réclame tel ou tel aliment, en telle ou telle quantité. Il faut apprendre à ressentir sa satiété. Enfin, le plus important, il faut savourer les goûts de toutes les choses de la vie.

Lâcher-prise et éducation

*« C'est l'enfant lui-même qui doit s'éduquer,
s'élever avec le concours des adultes. »*

Célestin Freinet

Témoignage

« L'éducation de mon fils n'a jamais été une chose facile. Déjà petit, il était en permanente opposition avec nous. C'était un enfant très colérique, tourmenté. Chaque petite tâche du quotidien était l'enjeu de luttes douloureuses. Nous nous fâchions, nous lui donnions beaucoup de fessées, nous le mettions « au coin ». Nous lui montrions en exemple des enfants modèles de notre entourage. Tout cela était indispensable face aux problèmes de discipline que nous rencontrions. Je prenais très à cœur les problèmes qu'il pouvait rencontrer à l'école. Je plaçais la réussite scolaire au-dessus de tout. Malgré son désir ardent de liberté et de révolte, il a été longtemps très dépendant au quotidien. Je me retrouvais à faire beaucoup de choses pour lui, à toujours contrôler les devoirs car il oubliait fréquemment d'en effectuer la moitié, à préparer ses vêtements pour le lendemain… Durant son adolescence, j'ai toujours surveillé de très près ses allées et venues, ses fréquentations. Le voir nous échapper m'était insupportable ! Je le voyais encore tout petit, sans défense. J'étais toujours très étonnée lorsque je le voyais accomplir des choses par lui-même. Dans ma famille, les parents ont toujours fait preuve de beaucoup d'autorité et les enfants sont toujours restés à leur place. J'ai appliqué ces méthodes puisqu'elles avaient fonctionné pour nous tous. J'espère que notre fils comprendra, lorsque lui-même deviendra père, combien il est difficile d'éduquer ses enfants. »

Christine, 48 ans

Un peu de théorie

Les fondamentaux de l'éducation : la responsabilisation

Étymologiquement, « éduquer » signifie « conduire hors de ». C'est donc donner les outils qui permettront à l'enfant de prendre son envol, seul, de partir du cocon familial. Contrairement à certaines idées reçues et à certaines méthodes dépassées de nos jours, éduquer, ce n'est pas tenter de formater un esprit, mais l'aider à se former seul, à développer son autonomie. Lâcher prise ne signifie en aucun cas renoncer à toute autorité, parentale ou autre. C'est simplement être vigilant sans tomber dans la lutte frontale et sans pour autant démissionner.

La base du lâcher-prise quand on élève un enfant, c'est la confiance. Confiance en soi, en certaines valeurs que l'on transmet. Mais aussi et surtout confiance en l'enfant. C'est celle-ci qui lui donnera l'énergie vitale pour grandir. Enfin, il faut rentrer dans le cercle vertueux du respect : dans la mesure du possible, et tout en le sécurisant, respectez la liberté de l'enfant. Vous verrez que bien vite, celui-ci vous le rendra.

Un autre comportement indispensable est d'essayer d'abandonner l'idée d'un enfant modèle. En général, nous ne connaissons pas tout d'eux et nous avons tendance à les idéaliser. Dire à son enfant de faire comme untel, qui est si sage, n'aura aucun effet. Copier les méthodes de ses amies sur leurs enfants est vain. Fixer son attention sur ces modèles, et uniquement sur eux, c'est négliger l'identité de son enfant, ses besoins, son rythme et son développement, qui sont finalement l'essentiel.

Il faut s'y résoudre, les parents parfaits n'existent pas
Et s'ils existaient, ils seraient de bien tristes parents. En éducation comme en tout, pour vivre heureux, il faut cesser de vouloir coller à de prétendus modèles. Être parent, cela s'apprend. L'éducation de nos enfants est faite d'erreurs autant que de réussites. Commencer par l'accepter, dédramatiser et cesser de se mettre martel en tête à chaque dérapage vous permettra de gagner en confiance et de créer pour l'enfant une atmosphère sécurisante et rassurante, qui est l'essentiel de ce dont il a besoin.
Cessez par exemple de vous forcer à faire des choses que vous n'aimez pas faire au prétexte que « les bons parents le font ». Si vous préférez lire un roman plutôt que d'entamer une partie de Monopoly, c'est votre droit le plus strict ! Ne vous forcez pas ! D'autant que vous forcer, risque de vous rendre impatient et désagréable et l'expérience ne sera gratifiante ni pour vous, ni pour votre enfant. Cessez de culpabiliser : pensez à toutes ces choses que vous faites ou que vous ferez avec plaisir en compagnie de votre bambin. Emmenez-le voir les expos qui vous plaisent, faites la cuisine avec lui… En bref, passez du temps ensemble à faire des choses dont vous partagez l'intérêt. Ne vous sacrifiez pas, ça ne sert à rien.
L'enfant ressentira à coup sûr que vous êtes heureux d'être avec lui, que vous prenez du plaisir à toutes ces activités communes. Cela renforcera vos liens et valorisera votre enfant qui y gagnera en confiance, un principe important de l'éducation.

Éviter le rapport frontal, désamorcer les tensions latentes
Voici quelques astuces qui vous permettront de désamorcer les rapports de force et de mettre en pratique le lâcher-prise dans des situations difficiles. D'abord, évitez de stigmatiser les gros mots et autres interdits. À un âge où l'enfant se construit par l'opposition, ne leur livrez pas d'armes pour combattre ! Ce qui est intéressant dans les gros mots, c'est la réaction qu'ils suscitent chez le parent. Si l'enfant s'aperçoit que les gros mots vous laissent sans réaction, il cessera vite d'en dire.

Avec les jeunes enfants, il est inutile de combattre et d'imposer des choses. Il ne veut pas enfiler son pantalon ? Montrez-lui par la fenêtre la grosse voiture qui passe à ce moment devant chez vous, distrayez-le quelques instants et reprenez la séance d'habillage une minute plus tard, lorsque la pression sera retombée.

Enfin, quand un désaccord entre vous et l'enfant se fait ressentir, un seul mot d'ordre : expliquez. Expliquez pourquoi il faut rendre la poupée à un camarade (« *La poupée est à lui, tu aimerais, toi, qu'on te prenne tes jouets ?* ») plutôt que de la lui arracher des mains pour la rendre à son propriétaire sans rien dire. Plus tard, expliquez-lui combien il est important de bien travailler à l'école, de rendre tel ou tel devoir. Non pas « parce qu'il le faut », ce qui revient à une obligation, mais pour son bien à lui, pour son propre avenir. Votre enfant est évidemment digne de comprendre ces explications et se sentira valorisé, plein de confiance, apaisé.

À RETENIR

L'éducation réussie est celle qui permet à l'enfant d'être autonome. L'obliger à se conformer à un modèle, c'est envisager l'éducation comme un projet à court terme, ce qui est un non-sens. De plus, vous vous y épuiserez vite et n'y gagnerez pas. Commencez par donner à votre enfant quelques attributs du « grand », si vous voulez qu'il le devienne.

Un parent imparfait, c'est un parent qui fait de son mieux pour transmettre ses propres valeurs, qui y met son cœur et son authenticité. Il n'essaye pas de coller à des modèles de manuels d'éducation irréalistes, frustrants et incompréhensibles pour l'enfant. Il commet de fréquentes erreurs, mais il apprend à être parent, tout comme l'enfant grandit.

Les enfants ont tous besoin d'être encouragés. C'est le rôle des parents de leur insuffler l'énergie qui leur permettra de devenir adultes. Ils méritent pour grandir d'être considérés comme dignes de comprendre les tenants et les aboutissants de leur éducation. Expliquez-les leur, vous serez étonné de voir comme ils peuvent parfois faire équipe avec vous.

Lâcher-prise et estime de soi

*« Si on n'a pas confiance en soi, si on n'a pas de respect,
de considération, d'estime pour soi-même,
on ne peut pas être un homme, même ordinaire. »*

Yasmina Khadra

Témoignage

« Lorsque j'étais adolescente, au collège, j'étais considérée comme le vilain petit canard. Ma vie sociale et ma réputation étaient à l'image de ma confiance en moi et de l'estime que je me portais : absolument déplorable. Je n'avais aucune repartie alors que certaines camarades faisaient se tordre de rire l'assemblée aux dépens d'un seul individu. Je rêvais d'être comme les autres sans jamais y parvenir. Et puis un jour – je devais avoir environ 16 ans –, j'ai rencontré un professeur de français qui a su me montrer que j'étais aussi quelqu'un de bien si je m'attachais à d'autres valeurs que celles auxquelles je m'accrochais jusqu'à présent. J'ai compris que les valeurs des jeunes filles que j'enviais n'étaient construites que sur l'éphémère. Ce professeur m'a montré quel plaisir on pouvait tirer d'une lecture, d'une réflexion bien menée. Il m'a appris combien l'effort intellectuel pouvait être source de joie. J'avoue m'être un peu réfugiée, au début de cette découverte, dans les études. Mais au moins, mes priorités avaient changé. Peu à peu, avec les bonnes notes qui pleuvaient enfin, les félicitations des enseignants et les découvertes que je faisais, je commençais à trouver que je n'étais pas si nulle… J'étonnais tout le monde. Tout naturellement, j'ai minci, car je ne me préoccupais plus de mon apparence.

Aujourd'hui encore, je suis reconnaissante envers ce professeur qui m'a ouvert les yeux sur les valeurs qui allaient me faire avancer et changer ma vie. »

Anne-Sophie, 38 ans

Un peu de théorie

L'estime de soi est la capacité à s'évaluer dans un contexte
L'estime de soi, c'est l'image que chacun a de lui-même. C'est la faculté de se comparer à soi-même plutôt qu'aux autres. C'est aussi notre capacité à nous aimer, à ressentir et à juger notre propre valeur selon un certain contexte et des critères qui appartiennent à chacun d'entre nous. Dans notre société, ce sera par exemple notre appréciation de nous-même par rapport au fait que nous soyons assez travailleurs, ou de bons parents, ou des amis fidèles, etc. C'est l'évaluation de notre aptitude à honorer les rôles de notre vie.

L'estime de soi s'oppose à l'orgueil, qui est une capacité à se mesurer aux autres, donc à chercher un résultat en se comparant, sans se soucier de sa propre force, de son équilibre, ni de son bien-être.

L'estime de soi est pour tous une alliée, souvent méprisée à tort. Quelqu'un qui est conscient de sa propre valeur, car ayant su s'offrir des modèles adaptés, n'est pas quelqu'un de prétentieux comme on pourrait le croire, et qui se surestime, mais au contraire une personne qui sait parfaitement, plus que quiconque, qui elle est. On devrait d'ailleurs appeler l'« estime de soi » plus précisément la « juste estime de soi ». C'est le privilège des gens qui savent exactement ce qu'ils veulent, ce qui est bon pour eux, mais qui connaissent aussi, bien sûr leurs points faibles, leurs incapacités. Se connaître avec autant de sagesse est très difficile. Les gens qui en sont capables ont parfaitement su lâcher prise par rapport à des exigences illusoires.

D'où vient cette estime de soi et comment s'acquiert-elle ?

L'enfance est le principal moment de la construction de l'estime de soi. Un enfant qui a reçu de l'amour, qui a été valorisé, récompensé, encouragé et surtout entouré sera probablement plus tard un individu confiant et plutôt sûr de lui. Son comportement d'adulte ne sera pas déterminé par la peur d'être rejeté, négligé ou même abandonné. Fort d'un socle affectif solide, cet adulte saura entendre les critiques sans que celles-ci aient prise sur son individualité. Il saura exister tel qu'il est, avec ses forces et ses faiblesses. S'entendre reprocher d'être par exemple un peu paresseux aura pour effet de le remettre au travail, et non de lui faire perdre tous ses moyens ou de le paralyser. Il prendra ce qu'on lui dit de manière objective sans se dévaloriser. Prenons l'exemple d'un contrôle scolaire. Un élève qui a une bonne estime de lui-même cherche à progresser à l'école, en assimilant de nouvelles choses et en les comprenant. Au contraire, le but d'un enfant orgueilleux, qui ne s'estime pas, sera plutôt de battre ses camarades, peu importe la manière. Son manque d'estime de soi transparaît alors, il a besoin de se rassurer par la défaite des autres. Quand l'enfant qui a une bonne estime de lui-même saisit la finalité profonde d'un contrôle, l'autre enfant est aveuglé par le résultat et la compétition et passe à côté des nouvelles acquisitions.

Mais si l'enfance ne vous a pas donné toutes les clés de l'estime de soi, rien n'est perdu. Heureusement, celle-ci se travaille.

Entretenir son estime de soi et la travailler au quotidien

D'abord, il faut chercher à comprendre si les modèles que nous voulons tant atteindre, au prix de tant d'efforts, sont ceux qui sont réellement adaptés à notre personnalité. Il ne faut pas se tromper d'objectifs. À vouloir chasser le naturel, on se rend malheureux, on n'est pas en accord avec soi-même, on ne s'aime plus, on se méprise… Et ce naturel reviendra tôt ou tard au galop donc inutile de le nier. Il faut au contraire lâcher prise sur un modèle qui ne nous ressemble pas, faire de sa caractéristique une qualité et travailler davantage sur son écoute des autres, sa capacité d'empathie.

D'autre part, il faut apprendre à reconnaître les valeurs illusoires, c'est-à-dire celles qui ne sont pas universelles : la beauté, le sens de la repartie, la richesse… Ces valeurs-là sont celles qui ne rendent pas le plus sûrement heureux à long terme.

Enfin, l'estime de soi peut être renforcée en apprenant « l'indépendance bienveillante ». On ne se situe pas par rapport aux défauts et aux manquements des autres, mais par rapport à nous-même. Lâcher prise sur les défauts des autres et cesser de les voir permet de se concentrer sur son cheminement personnel.

Pour abandonner certaines pressions et certains modèles, il faut déjà s'aimer et se connaître un tant soit peu. Ainsi, on ne peut par exemple déléguer des responsabilités sans éprouver de l'assurance. Il faut se sentir capable d'exister sans ces responsabilités, sans se rendre utile à tout prix pour obliger les autres à nous aimer.

À RETENIR

Nous éprouvons une bonne estime de nous-même lorsque nous avons le sentiment d'avoir agi de manière à répondre à des valeurs qui sont les nôtres. L'estime de soi s'acquiert dès l'enfance, qui est le moment où l'on apprend, où l'on intériorise ces valeurs et où, si l'on est récompensé pour ses succès, on sait identifier quelle orientation prendre.

Lorsque nous manquons d'estime pour nous-même, le problème vient du fait que nous nous attachons à suivre des modèles inadaptés à notre propre personnalité et qui sont créés de toutes pièces par notre société. Pour renforcer cette estime, il est important de savoir si nous ne nous trompons pas de modèles, si ceux-ci nous correspondent bien.

Ce n'est peut-être pas un hasard si nous ne réussissons pas à devenir ce que nous voulons être à tout prix. En choisissant nos propres modèles plutôt qu'en nous les laissant imposer, nous faisons preuve d'autonomie, nous lâchons prise par rapport aux diktats extérieurs et nous nous garantissons ainsi de regagner une certaine estime de nous-même.

Vie professionnelle :
confiance, un maître mot

« À pratiquer plusieurs métiers, on ne réussit dans aucun. »

Platon

Témoignage

« Je dirige une petite entreprise de six personnes. J'ai plusieurs fois surpris des conversations entre employés qui m'appelaient « l'œil de Moscou »… pas très flatteur ! Mon acharnement à tout contrôler a eu plusieurs effets néfastes. J'étais perpétuellement sur les nerfs, surchargé de travail. La multitude de petites tâches que je refusais de déléguer me prenait un temps infini et je n'avais plus du tout le temps de me consacrer à mon propre rôle, celui de capitaine. Pour employer la métaphore maritime, j'étais à la fois en cale, aux voiles, à la boussole… mais jamais vraiment au gouvernail. Et la trajectoire de mon navire s'en ressentait drôlement. Trop préoccupé par des histoires de gestion des congés et des horaires des employés, j'ai loupé l'ouverture du marché chinois. Je n'ai pas su voir quelle était ma chance et, juste après cet épisode, c'est un de nos concurrents directs en France qui a démarré l'export. Alors que j'essayais de secourir mon équipe, mes collaborateurs me faisaient ressentir leur exaspération. Je crois qu'ils se sentaient dévalorisés. La solidarité de notre équipe en a pris un sacré coup. Lorsque j'ai compris que je devais me concentrer sur l'essentiel, mon rôle de dirigeant, j'ai redéfini les rôles de chacun plus clairement. J'ai pu enfin lâcher ces préoccupations qui ne devaient pas être les miennes pour me pencher sur les *vraies questions : stratégie, perspectives, management. Aujourd'hui, je ne troquerais ma place pour rien au monde. »*

Antoine, 48 ans

Un peu de théorie

Travailler en équipe : valoriser autrui pour se concentrer
Vouloir tout contrôler a malheureusement l'effet contraire de celui escompté. On ne peut réussir seul un projet qui concerne en théorie toute une équipe. Celui qui ne sait pas déléguer et qui ne sait pas répartir les rôles provoque une dissolution de la solidarité : les autres collaborateurs ne se sentent pas valorisés et donc pas motivés pour aller de l'avant, pour s'investir davantage dans leur travail. Prendre des initiatives leur fait peur, car ils anticipent la reprise en main par leur supérieur.

Or, il est indispensable que les autres fassent le travail qui leur incombe si l'on veut pouvoir jouer sa propre partie et permettre que chacun soit compétent dans sa spécialité.

De nombreux dirigeants commettent une erreur dans leur définition du pouvoir. Un chef ne doit pas tout faire, ni même savoir tout faire. Il doit surtout savoir s'entourer de personnalités compétentes afin de mieux déléguer, répartir les tâches et de pouvoir se concentrer sur sa propre fonction qui est si indispensable qu'il doit s'y consacrer pleinement et qu'il ne peut se permettre de faire le travail des autres.

Pour faire confiance aux autres, il faut se faire confiance à soi-même, à ses propres capacités à agir comme un dirigeant (talent de visionnaire et de manager, fin stratège) et non comme un « superemployé ». Il faut aussi avoir suffisamment confiance en soi-même pour abandonner certaines prérogatives et certaines prises de décisions à d'autres et exister sans elles.

Privilégier la disponibilité, préférer qualité à quantité

Dans la vie professionnelle, la part belle est souvent faite à l'effort, au surpassement de soi. Mais jusqu'à quel point doit-on l'accepter ? Et surtout, où se place l'effort ? On entend souvent en France l'idée reçue selon laquelle les gens qui partent avant 18 heures du bureau ne sont pas professionnels, pas travailleurs et qu'ils manquent d'ambition. Cela montre bien l'idée que certains se font du travail : la quantité serait plus importante que la qualité. C'est une grossière erreur ! En effet, dans les autres pays européens, rester tard au bureau est signe d'incompétence, voire de fainéantise. Quelqu'un qui s'occupe – ou fait semblant de s'occuper – jusqu'à 22 heures au bureau passe alors pour un gaspilleur de temps ou pour quelqu'un de pas très efficace !
Des problèmes dus à une « surprésence » peuvent survenir. La fatigue peut se faire ressentir et faire commettre des négligences ou des erreurs. Le manque de disponibilité intellectuelle peut devenir un obstacle, surtout pour un cadre dirigeant, qui ne jouera alors plus son rôle de tête pensante.
C'est pourquoi il est indispensable de doser travail, repos et vie personnelle. Vivre pleinement ses loisirs et sa vie familiale, c'est se garantir un équilibre qui sera forcément bénéfique au travail.
De même qu'il ne faut pas privilégier la quantité mais la qualité, il est inutile de s'attaquer à tous les problèmes de front. Résoudre ces problèmes un à un est une méthode bien plus sage et bien plus efficace !

Cesser de se focaliser sur des modèles pas forcément adaptés

À peu de chose près, les enfants rêvent de devenir pilotes de chasse, sportif de haut niveau ou princesses quand ils seront grands. Nous avons tous eu à l'esprit des métiers de rêve, ou considérés comme tels, dans lesquels nous n'envisagions que les aspects positifs. Mais ces rêves se cantonnent la plupart du temps à l'enfance. Plus sérieusement, vouloir diriger ne peut pas être une fin en soi, pas plus qu'il n'est raisonnable d'envisager le commerce ou le métier de comédien si l'on devient rouge tomate dès qu'il faut entamer une conversation avec des inconnus.

Il faut cesser de se fixer des objectifs illusoires ou inaccessibles, que ce soit dans le cadre de la recherche d'un emploi ou d'un plan de carrière. Il ne faut pas partir de l'image que renvoie tel ou tel poste pour déterminer ses objectifs, mais les faire reposer sur ses propres capacités, ses propres talents. À vouloir à tout prix embrasser des fonctions rêvées, nous prenons simplement le risque de ne pas voir quel métier est réellement adapté à nous. Nous faisons fausse route en voulant nous adapter à un travail.

Enfin, il faut refuser d'agir uniquement dans un cadre routinier, selon les certitudes qui nous habitent. Sortir du rang avec un peu d'audace, voir les choses sous un autre angle, permet de progresser professionnellement. Ainsi, si l'on croit devoir notre poste à une personne en particulier, il faut se demander si en réalité, à la longue, nous ne devons pas notre poste qu'à nos compétences.

À RETENIR

Le travail collectif en entreprise, cela s'apprend. Il faut écouter son entourage pour pouvoir mettre en avant les talents de chacun et pour pouvoir déléguer. Cela signifie qu'il faut accepter que les autres fassent mieux, autrement, ou moins bien que nous n'aurions fait, et que nous ne repasserons pas derrière eux, les laissant à leurs responsabilités.

Faire acte de présence au travail n'est pas une fin en soi. Pourquoi sommes-nous là ? Quelle est notre mission ? Il est nécessaire, pour lâcher prise dans la vie professionnelle, de recadrer nos priorités et de nous y consacrer pleinement. Peu importe le temps de présence effective ou les moyens mis en œuvre, seul importe le travail effectué.

Vouloir à tout prix tel ou tel emploi, sans forcément en connaître tous les tenants et les aboutissants, au prix de sacrifices déraisonnables, risque de vous faire passer à côté d'autres opportunités insoupçonnées. Ouvrons grand les yeux et les oreilles ! Soyons vigilants ! En vous adaptant aux opportunités, vous aurez toutes les chances de progresser.

Lâcher-prise, sentiment amoureux et vie de couple

« La vie de couple repose sur un leurre, une agression. Il s'agit pour chacun des deux comparses de prendre possession de l'autre, de relever un défi : "Comment le changer ? Comment le faire devenir moi ?" »

Tahar Ben Jelloun

Témoignage

« Benjamin était toujours dans sa bulle. Un gentil jeune homme au regard à la fois timide et rêveur. Il semblait attacher peu d'importance à son apparence. C'était un fou de films d'horreur et de films d'animation. Toutes ses petites amies avaient agi de la même manière. Elles avaient tenté de l'apprivoiser, suggérant de lui faire bazarder ses bibelots, le traînant dans les boutiques pour le relooker… Mais dès qu'elles avaient le dos tourné, il retrouvait ses frusques monochromes et ses passions d'ado. Il a résisté à ces jeunes femmes qui ont fini par le quitter. Lorsque j'ai fait sa connaissance, j'ai découvert, pour ma part, un jeune homme non seulement très attentionné et drôle, mais aussi extrêmement cultivé. Incollable sur le cinéma de genre des années 1950, il m'a fait découvrir des boutiques de curiosités, m'a montré des tas de choses dont j'ignorais l'existence. Je suis assez vite tombée très amoureuse de son monde si étranger au mien, et de lui… J'ai compris, lorsqu'il m'a raconté son histoire, que nos différences faisaient la richesse et le ciment de notre couple. Pour rien au monde je ne pourrais tomber amoureuse de quelqu'un qui me ressemble, je m'ennuierais trop ! Quant à faire changer quelqu'un pour façonner un couple à son image, je trouve que c'est faire preuve de peu d'imagination sur ce que la vie peut nous apporter comme découvertes. Il faut faire confiance au destin et aux gens pour vous apporter ce dont vous ne soupçonniez même pas l'existence. »

Laurence, 28 ans.

Un peu de théorie

Notre manière d'aimer révèle notre capacité à lâcher prise
L'amour est typiquement le domaine où lâcher prise est la condition *sine qua non* à la sérénité et au bonheur dans un couple. Seule la spontanéité y est gage de réussite. En effet, comment vivre dans la contrainte et se frustrer à long terme et, qui plus est, dans la sphère la plus intime ?
Dans une relation où le lâcher-prise est nécessaire, l'un des deux réduit l'autre à l'état de page blanche. L'autre voit son identité niée, il n'est qu'un support quasi interchangeable. Cela crée évidemment des conflits puisque l'un est inévitablement déçu, quand l'autre se sent bafoué. Certains couples vivent ainsi avec des reproches larvés en permanence.
On peut remarquer que les disputes des couples sont souvent ponctuées de « toujours » et de « jamais ». Les défauts identifiés chez l'autre pourraient devenir pourtant de simples traits de caractère si on cesse de lutter vainement contre eux avec des reproches.
Il existe donc un type de relation de couple où les deux protagonistes ont déjà bel et bien lâché prise. C'est une relation dans laquelle l'un aime l'autre en pleine conscience de ce qu'il est, sans vouloir le changer, sans attente frustrée. L'émulation, la curiosité y ont toute leur place. Ces couples ont découvert le secret de la longévité et de la solidité.
Évidemment, en règle générale, un couple ne correspond pas à 100 % à l'un

des modèles, mais se situe plus ou moins entre les deux. Reste à savoir doser le lâcher-prise pour enfin profiter pleinement de sa relation.

On ne peut jamais savoir qui sera le partenaire idéal

Ne pas chercher l'aiguille dans la botte de foin, c'est peut-être le secret pour trouver l'amour vrai. Chercher à tout prix l'amour pour lui-même est illusoire, il faut s'intéresser aux individus que nous rencontrons plutôt qu'au sentiment qui serait susceptible de naître de cette rencontre. Cesser également de chercher la femme ou l'homme « de votre vie » qui correspond au modèle que l'on a en tête depuis toujours est le meilleur comportement possible. Soit cette personne existe, et vous risquez d'être déçu en faisant sa connaissance, voire de passer à côté de quelqu'un qui vous emmènerait vers une relation insoupçonnable, soit cette personne n'existe pas et… vous serez forcément insatisfait des rencontres qui pourraient pourtant, si vous vous y consacriez un peu, changer votre vie.

Nous avons tous dans notre entourage quelqu'un d'indécrottable, d'idéaliste, pétri de certitudes à propos de son « genre » de femmes ou d'hommes et, finalement, toujours célibataire. Hasard ou conséquence directe de son comportement ? À vous de voir…

Chercher l'amour pour lui-même, comme une fin en soi, implique des activités « de célibataire » qui ne vous ressemblent pas forcément. Se consacrer à ces activités, accepter qu'elles soient un passage obligatoire, c'est déjà partir sur la mauvaise voie. Si vous n'êtes pas vous-même, les personnes que vous rencontrerez le remarqueront vite et ils pourraient ne pas se montrer sous leur vrai jour ou, pire, de ne vraiment pas vous correspondre.

Ruptures amoureuses : évitez les autosabotages

Pour lâcher prise en amour, il faut donc accepter l'autre tel qu'il est, et l'accepter totalement. Il faut même accepter jusqu'au fait que cet autre ne nous aime plus.

Quand on est quitté, on ressent bien évidemment de la tristesse, on se sent seul et abandonné. Ce sont des sentiments douloureux, mais qui passent avec le temps.

Parfois, on ressent aussi de la colère à propos des raisons de la rupture. Parti(e) pour un(e) autre, parti(e) à cause de nous (c'est peut-être encore plus difficile à vivre), tout est possible… Nous sommes blessés dans notre amour-propre, humilié, frustré. Nous tentons naturellement de canaliser ces sentiments qui, bien souvent, se rejoignent dans la colère, envers nous-même comme envers l'autre. Nous nous dévalorisons. Pourquoi n'avons-nous pas été ce qu'il attendait de nous ? Il ne nous aurait sûrement pas quittés si nous nous étions comportés de telle ou telle autre manière. Mais avec des si, on mettrait Paris en bouteille. Pourquoi a-t-il, lui, agi de la sorte ? N'est-ce pas inhumain ? Les frustrations, les regrets et les rancœurs accumulés créent une sorte de tension, de nœud qui nous empêche d'être ouverts à la vie. Nous tournons en rond avec beaucoup de questions mais jamais de réponses. Nous ressassons. Cesser de se poser ces questions et, surtout, cesser d'attendre des réponses permet de continuer à avancer, de continuer à faire des rencontres et permet, pourquoi pas, de retomber amoureux, ce à quoi nous aspirons tous, tôt ou tard !

À RETENIR

L'amour passe par l'indulgence et par l'acceptation totale de l'autre. On a beau aimer une personne, elle reste extérieure à nous et ne devient pas un prolongement de nous-même… Il faut réussir à aimer l'autre tel qu'il est et non tel que nous le rêvons, et il faut également cesser de lutter pour le façonner à l'image de l'être prétendument idéal.

Chercher le partenaire idéal selon un profil, c'est souvent faire fausse route. Que savons-nous de nos futures rencontres, que savons-nous de la personne qui nous rendra heureux ? Vouloir atteindre un objectif amoureux, c'est refuser les vraies rencontres qui font que l'existence est passionnante. C'est risquer de retomber toujours dans les mêmes travers.

En ressassant un chagrin d'amour, nous ne faisons du mal qu'à nous-mêmes. Cette colère en nous est stérile et nous fait tourner en rond. Elle ne trouve pas d'issue dans l'action, puisque nous n'avons aucune prise sur ces événements amoureux. Mobilisant notre esprit, notre énergie, notre temps, elle n'a d'autre effet que de nous paralyser et nous enfermer.

Soigner son perfectionnisme pour lâcher prise

« Ne craignez pas d'atteindre la perfection, vous n'y arriverez jamais. »

Salvador Dali

Témoignage

« Toute petite déjà, j'avais du mal à supporter que mes affaires soient mal rangées. J'étais très perturbée à l'idée de n'avoir pas donné le meilleur de moi-même à l'école. Je voulais à tout prix plaire à mes parents, très sévères et malhabiles lorsqu'il s'agissait de montrer un peu d'affection à leurs enfants. J'étais une petite fille très anxieuse.

Aujourd'hui, je n'envisage pas de partir travailler sans avoir fait le tour de toutes les pièces de la maison. Je passe en revue chaque détail, tout doit être impeccable. Au travail, c'est pareil. J'aime que mon bureau soit parfaitement rangé, j'estime que cela donne une image positive de moi. À tel point que cela me cause des soucis dans mon rapport avec mes collègues. Ils sont exaspérés par ma maniaquerie et m'ont fait comprendre plusieurs fois qu'il était difficile de travailler avec moi. Je me fixe des objectifs de perfection, c'est plus fort que moi ! Cette tension permanente, faite d'auto-obligations fictives, m'épuise. Être perfectionniste demande beaucoup de temps et d'énergie et m'en laisse peu pour des activités de détente, des activités « gratuites » comme aller au cinéma ou simplement flâner. J'en oublie de penser à moi, à mes envies profondes enfouies sous des listes mentales de choses à faire. Souvent, mes enfants et mes amis regrettent que je ne sois pas plus disponible pour eux. Ils sont attristés de me voir toujours si fatiguée, si tendue. Il serait temps de profiter de la vie, aussi imparfaite soit-elle... »

Thérèse, 58 ans

Un peu de théorie

D'où viennent les habitudes des grands perfectionnistes ?

Le perfectionnisme est un trait de caractère qui naît des angoisses issues de l'expérience de chacun. C'est une réaction d'enfant mal aimé, qui se sentira plus fort s'il a bien fait ses devoirs, pour faire plaisir à ses parents. Il cherche de cette manière leur intérêt et leur amour. On existe alors non pas par ce que l'on est, qui nous semble méprisable, mais pour ce que l'on fait, les efforts que l'on fournit, notre mérite.

Et c'est le même schéma qui se reproduit tout au long de la vie. En tentant de se rassurer par une profusion d'activités, on laisse peu de temps aux pensées intimes, aux doutes. Une femme qui fait chaque matin le ménage du sol au plafond n'a guère le temps de se pencher sur des questions existentielles. De là naissent la plupart des TOC, dans les cas extrêmes. L'hyperactivité, focalisée sur des détails, permet de couvrir le grand vide, les interrogations, la solitude, ce qui est pourtant essentiel.

Un perfectionniste, c'est aussi quelqu'un qui cherche à se valoriser par ses actes prétendument parfaits : maison impeccable, zèle et heures supplémentaires au travail, etc. Le perfectionniste a souvent appris à l'être face à une certaine pression sociale (à cause de préceptes selon lesquels « il faut être une bonne ménagère » par exemple). Si on ne s'estime pas très intelligent, on pourra toujours avoir le mérite d'être laborieux. Le perfectionnisme est, en quelque sorte, une manière de s'imposer par la force quand on n'a pas d'estime et de confiance en soi.

Fixer sur le papier des objectifs réalisables en une journée

Pour combattre son perfectionnisme et enfin lâcher prise, il faut commencer par effectuer pour soi-même de petits exercices écrits, assez faciles car moins engageants. Au début de chaque journée, notez sur un carnet prévu à cet effet vos objectifs de la journée. Ils ne seront ainsi plus seulement mentaux, mais fixés par écrit. Vous ne pourrez donc plus en changer au fil de la journée pour de plus difficiles encore ! Il ne s'agit pas d'une tâche ménagère quotidienne, de papiers à trier ou d'une autre activité quotidienne qui vous éloigne de l'essentiel, mais de quelque chose de plus profond : appeler votre grand-mère, postuler à ce boulot de rêve… Pour vous fixer des objectifs réalistes, ne notez qu'une seule chose à faire par jour, mais une chose qui vous tient réellement à cœur.

Dans un deuxième temps, essayez de voir les choses autrement qu'à votre habitude : plutôt que de vous tourner vers ce qui est encore à accomplir, donc anxiogène, revenez souvent sur ce qui est déjà accompli. Feuilletez votre carnet, admirez tous les objectifs barrés d'un trait lorsqu'ils ont été atteints… Alors ? Pas si mal ? Petit à petit, jour après jour, vous aurez déplacé des montagnes sans vous en apercevoir. Cela vous permettra sans doute de regagner un peu d'estime de vous-même : non, vous n'êtes pas seulement une personne perfectible à qui il reste une foule de choses à faire, mais vous êtes aussi cette personne qui a déjà accompli toutes les choses écrites dans ce carnet.

Lancez-vous de petits défis d'imperfection au quotidien

Déjà un peu plus sûr de vous, vous pouvez maintenant commencer à apprendre doucement à être moins parfait. Lancez-vous de (petits) défis pratiques, réalistes bien sûr… mais vous serez bien entraîné par l'exercice précédent. Par exemple, à la maison, laissez le linge s'accumuler, achetez des plats surgelés, ne rangez pas derrière chacun des membres de la famille… Vous vous rendrez assez rapidement compte que les conséquences ne sont pas aussi dramatiques que vous l'imaginiez. Voire qu'il n'y en a aucune !

Ne faites pas les choses, attendez que d'autres s'aperçoivent que le chien n'est pas sorti aujourd'hui par exemple. Attendez, sans le dire bien sûr, que votre entourage prenne naturellement en charge les tâches nécessaires au bon fonctionnement de la famille. Au travail, déléguez en vous interdisant de repasser derrière. Vous vous apercevrez bien vite que vous n'êtes pas pour cela une personne mauvaise et que vous pouvez faire confiance à ceux qui vous entourent ! Il ne se passe rien de grave. Mieux que cela, vous avez du temps pour vous, pour vous retrouver. Au calme. Vous pourrez ainsi vous consacrer à ce pourquoi vous êtes là.

Et si vous abandonniez maintenant votre perfectionnisme dans vos relations avec les autres ? Faites l'exercice de ne pas anticiper les besoins d'autrui. Vous vous rendrez vite compte que ce que vous imaginiez n'était pas justifié, ou était exagéré. Vous vous sentirez moins redevable envers l'autre et vos relations en seront apaisées.

À RETENIR

Le comportement du perfectionniste, l'obsession de la perfection, est dû à l'acceptation de modèles sociaux irréalistes : mère parfaite, fée du logis, cadre modèle ou les trois… Censé pousser vers le bonheur et la plénitude, le perfectionnisme épuise en réalité celui qui en est victime, le faisant sans cesse retomber plus bas dans la dévalorisation de soi.

Le perfectionnisme est dû à un certain manque de confiance en soi. « Si je ne vaux rien en tant que personne, je peux valoir quelque chose par mon acharnement » se disent souvent les perfectionnistes. C'est alors un comportement qui provoque agitation, occupation et préoccupation. Il dissimule des questions et des angoisses plus profondes.

Heureusement, l'obsession de la perfection se soigne assez facilement. En formulant des objectifs quotidiens réalistes et non effrayants, en voyant le « verre à moitié plein » des choses déjà accomplies, on renforce l'estime de soi. Et lorsque la confiance est enfin retrouvée, il est bien plus facile de lâcher prise face aux exigences de perfection.

Qu'est-ce que la suradaptation ?

« La société existe pour le bénéfice des hommes, et non les hommes pour le bénéfice de la société. »

Herbert Spencer

Témoignage

« Je suis issu d'une famille de musiciens. À 5 ans, mes parents m'ont mis un violon entre les mains. Au fond, je crois que je n'ai pas eu une enfance très heureuse.
J'en ai passé des mois et des mois à m'acharner sur mon pauvre instrument. Je me suis donné énormément de mal, pas seulement pour arriver à créer de jolis sons, mais surtout pour faire plaisir à mon entourage. Mon adolescence a été une période douloureuse de ma vie. Au mal-être classique qu'on ressent à cette période s'ajoutait le sentiment d'enfermement que me procurait l'impression d'avoir un avenir tout tracé. Maux de ventre chroniques et crises d'angoisse se succédaient sans que je réussisse à en comprendre l'origine. Mes parents étaient inquiets pour moi, mais mon père disait souvent que le moyen de me sortir de cette situation de mal-être était un travail acharné. Plus je travaillais, plus je m'épuisais, moins je me sentais sûr de moi. Et puis, un jour, j'ai rencontré un thérapeute du centre où je séjournais, qui nous faisait pratiquer le dessin pour nous faire exprimer nos préoccupations. Très vite, il a décelé chez moi un coup de crayon talentueux. Il m'a encouragé, me faisant sortir du cadre de la thérapie en me faisant travailler ma technique. Mon comportement est peu à peu devenu plus serein, plus heureux aussi. Enfin, j'écoutais mes propres désirs. J'ai passé l'agrégation d'arts plastiques

l'année dernière et je commence à enseigner à mon tour cette année. Et mes parents sont fiers de moi. »

Johann, 27 ans

Un peu de théorie

Des modèles pas toujours indispensables nous orientent

Derrière le terme peu utilisé de « suradaptation », il y a un mal très répandu aujourd'hui. Ce mal, c'est de vivre selon ce que la société attend de nous et non selon nos envies et nos besoins personnels, qui sont mis de côté pour privilégier des nécessités collectives. Le modèle social occidental repose sur des valeurs de travail, de mérite, de réussite matérielle, mais aussi d'adaptabilité et donc de sacrifice à la communauté, ou en tout cas à autrui. Depuis notre plus tendre enfance, avec l'éducation que nous avons reçue, nous sommes tous aux prises avec ce modèle qui nous façonne : il faut bien travailler à l'école pour trouver un bon métier plus tard qui soit à la fois épanouissant et lucratif. Il faut être poli, respectueux, s'effacer devant les aînés au nom du fonctionnement de la communauté. Ensuite, lors de nos études, il faut comprendre des codes et des types de pensée afin de les intégrer, et à partir de là apprendre à mener soi-même sa propre réflexion. Dans la vie professionnelle, c'est au service d'un patron que nous mettons en œuvre nos forces individuelles et notre intelligence, les adaptant à son objectif, nous pliant à ses règles.

En résumé, à toutes les étapes de notre vie, nous sommes formés par des nécessités extérieures. C'est cela vivre en société. Or, s'il est nécessaire pour qu'une société fonctionne qu'elle connaisse un certain ordre et une certaine discipline, elle a également besoin de prendre en compte des individus qui la feront progresser.

Les symptômes de la suradaptation : de quoi souffrons-nous ?

Certains d'entre nous souffrent de suradaptation : ils ne parviennent pas à doser dans leur existence la part de l'adaptation à des contraintes extérieures, à des normes imposées, et la part d'expression de leurs propres désirs. Intégrant parfaitement et totalement leur volonté de bien faire au détriment de celle de faire ce qu'ils veulent, certains oublient leur individualité, leur singularité et certains même n'ont pas la moindre idée de ce que sont leurs envies ou leurs opinions : ils ne savent pas qui ils sont puisqu'ils n'ont jamais eu l'occasion de se poser la question ni de faire des choix pour eux-mêmes dans leur vie.

Il est naturel pour nous tous d'aspirer à une certaine liberté. On souffre lorsqu'on ne vit qu'enfermé dans un carcan de principes. La douleur morale de certains s'exprime même physiquement : ils la transforment en maux de ventres, migraines, démangeaisons, insomnies. Ils en ont « plein le dos » : cela signifie qu'ils sont découragés et souffrent de « porter sur leur dos » leurs obligations.

Et que dire de la fatigue chronique, ce mal du siècle ? Elle serait l'objet de 15 % à 20 % des consultations chez un généraliste. C'est un symptôme qui touche statistiquement les personnes ayant le plus de responsabilités professionnelles et familiales. Ne pas laisser s'exprimer ses désirs, c'est prendre le risque de se laisser faner, de se perdre soi-même, d'éprouver de la tristesse, un manque d'énergie qui confine parfois au découragement, voire au désespoir.

Comment sortir du syndrome douloureux de la suradaptation ?

Il est indispensable de nous déculpabiliser. Notre souffrance ne nous vient pas du fait que nous sommes inadaptés au système, mais bel et bien du fait que le système n'est pas adapté à nous. C'est le système qui doit être au service de l'être humain et non l'inverse. C'est un fait que l'on oublie trop souvent. D'abord, il faut apprendre à dire fermement « non ». Cela demande de voir autrement notre rapport aux autres. Là où d'habitude vous répondiez toujours présent, lâchez prise avec vos sacro-saintes obligations. Vos relations aux autres doivent rester un plaisir. Demandez-vous systématiquement si vous en avez réellement envie ou si vous participez pour faire plaisir ou pour ne pas contrarier les autres.

Si vous êtes disponible moins souvent, mais dans un meilleur état d'esprit, les autres vous seront reconnaissants de savoir être là. Déléguez. Cela vous libérera du temps et responsabilisera votre entourage qui verra peut-être les choses autrement : non, ce n'est pas toujours à Maman de faire les courses ! Après avoir « fait barrage », apprenez à occuper ce temps laissé libre. Dans un premier temps, occupez-le à ne rien faire. Il faut (re)faire connaissance avec ses envies : concentrez-vous sur vos sensations.

Enfin, ne vous découragez pas. N'entrez pas dans un nouveau cercle vicieux vous obligeant à sortir de la suradaptation. Ce serait bien le comble ! C'est aussi de l'adaptabilité que peuvent naître la liberté et l'indépendance si on la conjugue avec assurance et estime de soi.

À RETENIR

C'est un état psychologique dans lequel nous nous mettons lorsque nous sommes aux prises avec un système qui nous contraint. Nous oublions notre individualité pour nous mettre au service total de ce système. Si les contraintes sont nécessaires au bon fonctionnement d'une société, celle-ci a également besoin d'individus ayant leurs propres désirs.

Pour vivre pleinement et sereinement, nous devons trouver l'équilibre entre notre volonté propre et les contraintes extérieures. Pour cela, il faut rétablir notre individualité, se différencier du monde extérieur en étant davantage à l'écoute de nos envies et de nos sensations. Il faut prendre l'habitude de dire « non », souvent perdue avec l'éducation.

Le vrai lâcher-prise, c'est celui qui permet de jouer avec les contraintes du monde extérieur et de ne pas les refuser en bloc, mais de suffisamment bien les connaître pour choisir celles que l'on accepte. Prendre le risque de choisir exactement ce que l'on veut est bien plus fécond que de refuser toutes les contraintes qui nous menacent.

S'en remettre à ses proches

« Ce n'est pas tant l'aide de nos amis qui nous aide, que la confiance en cette aide. »

Épicure

Témoignage

« Il y a quelques années, alors que les vacances approchaient, je me suis rendu compte que, tout naturellement, chacun de mes amis se tournait vers moi pour m'interroger sur la destination de vacances prévue cette année-là au mois d'août. Non seulement j'avais bien d'autres choses à régler que ces histoires de vacances, mais je me suis aperçu également qu'aucun de mes amis n'avait ne serait-ce qu'émis une proposition. Tous attendaient de moi que j'imagine une destination inédite, et qui remporterait par-dessus le marché l'adhésion générale. Ras-le-bol ! Je ne suis pas tour operator. Comme je n'avais jamais été désigné officiellement comme grand organisateur des locations d'été, j'ai attendu sans rien faire, afin de voir ce qui adviendrait cette année de nos habitudes. Rien ne se passait. Au moment critique où j'ai commencé à me dire que les vacances étaient en péril, j'ai suggéré que quelqu'un d'autre pourrait s'en occuper. Après quelques jours, j'ai reçu un e-mail m'annonçant que cette année, nous irions en Grèce, pour le prix convenu, dans une maison bien plus grande que d'habitude, sur une île enchanteresse des Cyclades.

Ce séjour reste pour moi un souvenir extraordinaire. Non seulement j'étais beaucoup plus détendu que les autres années, car je me sentais moins responsable du bien-être de chacun, mais aussi car je n'aurais jamais envisagé moi-même cette option. Les vacances avaient un goût d'inattendu, de découverte. Un goût d'évasion, enfin ! »

Stéphane, 37 ans.

Un peu de théorie

Déléguer est souvent plus difficile qu'on ne le croit
Nombreux sont les dirigeants qui aspirent à savoir déléguer, mais ce n'est pas si facile de le faire. Il faut être suffisamment sûr de soi pour oser laisser les autres remettre en cause ses propres choix, sa propre manière de faire. C'est une manière d'oser se mettre en danger que de laisser l'autre prendre ce que l'on considère comme être sa place. En effet, il est plus simple de décider seul du déroulement des événements et de se limiter à une façon de procéder sans laisser de possibilités de discussions, de nouveautés, de prises de risque ou de projets collectifs. Prendre la responsabilité de l'exécution des tâches peut être en réalité une attitude autoritaire, voire dictatoriale, déguisée. Quoi de plus facile au sein d'un groupe d'amis qui n'arrive pas à se décider pour une destination de vacances que de s'occuper des réservations unilatéralement, supposément « pour rendre service », « pour aider à avancer » ?
Apprendre à partager son propre « pouvoir de faire » nécessite à la fois de l'humilité (« *je ne suis pas capable de tout assumer seul, d'autres pourront m'apporter leur aide* ») et une certaine assurance, car il faut être capable d'abandonner du pouvoir sans perdre la face, d'exister sans être le leader, ou du moins le preneur d'initiatives.
Le regard de l'autre, lorsque l'on s'en remet à lui, aide en général à changer de point de vue, à dédramatiser certaines choses. Et prendre des décisions à plusieurs est tout de même bien plus sécurisant que d'agir seul.

Tout prendre en charge n'est pas rendre service aux autres

Au premier abord, on serait tenté de dire que ne pas déléguer, se rendre responsable de tout dans un groupe, une famille, ce serait faciliter la vie de ses proches en leur rendant service. Ce serait les délester des obligations de la vie ou de ce que nous seuls considérons comme telles. Tout assumer pour les autres impliquerait un supposé sacrifice de soi-même. C'est l'idée que s'en font ceux qui ne pratiquent pas le lâcher-prise.

C'est une idée reçue. Tout d'abord parce que celui qui assume un trop-plein de responsabilités en tire de la jouissance, de la fierté, de la satisfaction. C'est lui qui décide de prendre cette place et il le fait pour lui-même. De plus, épargner l'autre n'est pas lui rendre service. Cela le cantonne à un état passif de désœuvré qui le dévalorise et l'infantilise. C'est, en quelque sorte, refuser de prendre l'autre en compte comme un être responsable, capable d'agir et de décider, au même titre que soi.

De plus, être systématiquement celui ou celle qui prend les décisions influe sur ses relations avec les autres personnes du groupe. Les rapports ne sont plus équivalents, car le meneur se sacrifie pour l'autre qui, implicitement, se retrouve à lui devoir quelque chose (un service, un savoir-faire, etc.). Cela crée une relation de dépendance entre les individus qui peut poser problème par la suite.

De plus, à vouloir tout faire, on se fatigue, on pare au plus urgent, on bâcle. On fait tout, certes, mais on risque de tout faire de manière approximative.

Lâcher ses responsabilités, oui, mais les lâcher totalement

Déléguer, s'en remettre à ses proches, ce n'est une manière de lâcher prise que si on le fait entièrement. Il ne s'agit pas de donner une liste de tâches à accomplir à quelqu'un d'autre, ni une marche précise à suivre pour l'accomplissement de ces tâches, encore moins de surveiller comment elles sont accomplies ou de jouer l'inspecteur des travaux finis.

Le secret du lâcher-prise est de formuler à l'autre un objectif à atteindre, un résultat à obtenir et non, comme on aurait tendance à le faire naturellement, de lui demander de suivre un certain processus pour arriver à ce résultat, processus qui est le nôtre et dont nous avons du mal à nous défaire mais qui n'est qu'une des manières d'y arriver.

Ainsi on ne demandera pas : « *Pourrais-tu aller voir sur le site des gîtes de France s'il reste une maison avec piscine à louer dans le sud de la France du 15 au 30 août ?* ». Mais on le formulera bien plus simplement en « *Pourrais-tu t'occuper des vacances cette année ?* » C'est l'étape initiale du lâcher-prise : faire simple. Deuxièmement, cela laisse le champ libre à l'interlocuteur, qui s'en trouvera d'emblée bien plus autonome et ne reviendra pas vous questionner sur la marche à suivre pour chaque étape. Vous garantissez là votre liberté et la sienne.

Enfin, vous risquez d'être surpris, et heureusement surpris. Là où vous n'imaginez qu'une seule méthode possible, l'autre en verra une autre. Il vous emmènera loin de là où vous pensiez aller. Et pourquoi pas, après tout ?

À RETENIR

Cela permet de se débarrasser de toutes ces choses que nous nous imposons de faire, que nous croyons obligatoires. Cela implique donc de s'obliger à envisager que nous ne sommes pas indispensables, mais que d'autres peuvent aussi bien remplir notre mission. C'est une bonne manière de voir la vie autrement, de se sentir moins contraint, plus libre.

Si nous nous en remettons à l'autre, c'est que nous l'estimons capable de nous relayer, c'est donc que nous le voyons comme un alter ego. Cette personne, reconnaissante, ne nous en estimera que mieux. Cela établit un rapport personnel bien plus sain, d'égal à égal, que lorsque l'aide est toujours du même côté, systématique et « enfermant » pour chacun.

S'en remettre aux autres n'est valable que si l'on sait réellement leur faire confiance. Pour cela, il faut leur demander un résultat et non une série de tâches selon une méthode précise, quand cela est possible. Cela décharge celui qui lâche prise non seulement d'explications interminables, mais aussi de la responsabilité de la méthode suivie.

Revisiter ses émotions

*« L'orgueilleux aimera mieux se perdre
que de demander son chemin. »*

Charles Churchill, The Farewell

Témoignage

« Je réagis toujours très fortement, depuis que j'ai 7 ans, au contact des autres ou des lieux. Je ne saisis pas trop bien pourquoi je suis aussi sensible. C'est une sorte de don. Lorsque je rencontre une personne pour la première fois, mes émotions m'avertissent. Si, par exemple, je ressens de l'angoisse, je sais qu'il vaut mieux que j'évite l'individu en question. Parfois, c'est une véritable peur qui m'empoigne : mes poils se hérissent, je transpire. C'est très alarmant. Mais j'ai aussi des émotions plus heureuses. Avec certains, je me sens profondément calme et détendue, parfaitement à l'aise. Je sais dans ce cas que je peux avoir confiance en eux et que j'ai tout intérêt à approfondir la relation. Mais j'ai mis du temps à reconnaître mes émotions. Au début, je ne comprenais pas vraiment pourquoi je réagissais ainsi. Quand j'avais peur, j'essayais de faire abstraction, en me disant que c'était ridicule. Je ne comprenais pas ce qui m'arrivait et personne ne pouvait me l'expliquer. Quand j'en parlais à mes parents ou à mes copines, ils souriaient, se moquaient un peu de moi et je sentais bien qu'ils ne me croyaient pas vraiment. Ils pensaient que je me faisais des idées. J'ai dû faire mon apprentissage, seule. J'ai écouté ce que mes émotions voulaient me dire. Je me suis surtout rendu compte qu'elles ne se trompaient jamais. Quand je ressentais de la crainte, que ma gorge se nouait et qu'une sensation de froid m'envahissait, je savais qu'il y avait un danger. Mon émotion me mettait en garde. Il était dangereux pour moi de m'aventurer davantage. La sagesse me conseillait d'arrêter.

C'est parce qu'une fois je n'ai pas voulu écouter mes émotions, alors que j'aurais dû, que j'ai vraiment accepté de le faire par la suite. J'ai rencontré un homme qui me plaisait, mais au début de notre relation, à chaque fois que je le voyais, j'avais froid et je me sentais terriblement angoissée. C'était une peur profonde qui m'étreignait et je ne comprenais pas pourquoi. J'aurais vraiment dû m'écouter car j'ai beaucoup souffert par la suite. L'homme qui me mettait si mal à l'aise ne m'aimait pas et était néfaste pour moi. Il me harcelait. J'ai mis du temps pour rompre définitivement avec lui. Cela a été un passage très douloureux. Mais aussi une bonne leçon. Dorénavant, j'essaie de prêter attention à ce que je ressens. Je suis très vigilante. Je sais que mes émotions me signalent un danger quand il existe réellement. »

Anne, 32 ans

Un peu de théorie

Les émotions, un précieux indicateur

Les émotions sont le reflet de nos pensées ou plus exactement la conséquence de nos pensées. Par exemple, lorsque nous pensons que nous allons tomber, nous ressentons de la peur. Nos émotions émettent des signaux. Si nous n'avons pas été assez vigilants et qu'une pensée nocive a fait son œuvre, une émotion va nous l'indiquer. Si nous sommes agacés par exemple, nous allons pouvoir remonter à l'origine de notre énervement : qu'est-ce qui a bien pu nous mettre dans cet état ? Ainsi, chaque émotion nous informe et nous permet de décrypter ce qui nous arrive. Grâce à ce cheminement, nous pouvons remettre en question la pensée ayant généré l'émotion.

Analysons notre ressenti

En prêtant attention à ce que nous ressentons, nous pouvons savoir tout d'abord si cela nous est agréable ou pas. Les pensées dont nous ne voulons pas, engendrent bien sûr des émotions négatives. Leur ressenti sera désagréable. Mais cela n'est jamais négatif en soi. Ce qui est important c'est de voir le message que notre ressenti nous adresse. Certaines émotions vont nous faire souffrir. Même si ces émotions sont pénibles, ne les rejetons pas. Essayons au contraire de les analyser. Que nous disent-elles ?

Assumons nos émotions douloureuses

Les émotions qui expriment la souffrance ne sont pas bien vues. Nous les cachons. Nous attendons de nous trouver seuls, par exemple, pour laisser exploser notre tristesse. De même, nous sommes mal à l'aise devant une personne en pleurs. Pourtant, il est nécessaire d'exprimer ses émotions. Cela permet de les comprendre et d'y faire face.

Reconnaissons nos émotions

Il n'est pas toujours aisé de mettre un mot sur notre ressenti. La principale raison c'est que lorsque nous la vivons, nous sommes sous sa coupe. Mais pour comprendre ce qui se passe en nous, il faut pouvoir dire notre ressenti, avec des mots. Le dire est le moyen de reconnaître notre émotion (par exemple : « Je suis en colère »).

L'utilité des émotions

Les émotions douloureuses nous indiquent que quelque chose ne va pas. La souffrance est insupportable, ce qui nous oblige à y remédier. Les émotions nous poussent à agir et elles nous sont fort utiles. De même, les émotions positives nous transportent. Ainsi, celle de l'enthousiasme nous permet de soulever des montagnes et d'aller jusqu'au bout d'un projet.

Apprenons le langage de nos émotions

Le plus simple est de commencer à exprimer ce que nous ressentons quand rien de particulier ne nous arrive. Lorsque nous sommes au bureau et qu'une journée tranquille démarre, nous pouvons dire : « Je me sens bien ». Dans la rue, nous marchons d'un pas alerte, le cœur joyeux. Nous pouvons dire : « Je suis gai ». Nous entraîner à décrypter nos émotions est un excellent exercice pour comprendre par la suite ce qu'un événement déclenche en nous.

Dialoguons avec nos émotions

Les émotions sont de précieuses alliées car elles nous renseignent sur ce que nous pensons. En dialoguant avec elles, nous parvenons à modifier nos pensées et notre état émotif. Par exemple, lorsque nous n'allons pas bien, nos émotions nous l'indiquent. Dans le même temps, elles nous incitent à agir pour changer notre état. Nous nous ressaisissons et reprenons espoir. Là encore, nos émotions nous le soulignent.

Que se passe-t-il en nous ?

Une émotion désagréable est le signal que nous devons changer. Arrêtons-nous et clarifions ce qui se passe en nous. Essayons de comprendre ce que nous ressentons vis-à-vis de la situation actuelle. Ensuite, examinons ce que nous voulons. Que devons-nous faire pour transformer les choses ? À la lumière de notre réponse, nous pouvons agir.

Évoluons grâce à nos émotions

Une émotion est tenace : si nous ne comprenons pas son message, elle reviendra jusqu'à ce que nous l'ayons saisie. Les émotions nous poussent sur le chemin du développement. Elles nous aident à nous améliorer.

Vivons heureux

Cultivons les émotions qui nous font du bien plutôt que de nous laisser envahir par celles qui nous font souffrir. Adoptons une attitude joyeuse et les préceptes de la psychologie positive. Nous pouvons choisir de vivre mieux si nous abordons la vie avec davantage de bienveillance et de confiance.

À RETENIR

Les émotions nous enseignent sur la nature de nos pensées, d'où la nécessité de rester positif.

Les émotions nous montrent où nous en sommes dans notre cheminement. Lorsque nous sommes sereins, nos émotions le sont aussi. Plus nous faisons attention à leur signification et plus nous comprenons qui nous sommes. Les émotions nous éclairent sur nos valeurs.

Lorsque nous prenons une décision, soyons attentifs à ce que nous ressentons. Nos émotions nous indiquent si nous agissons en accord avec nous-mêmes ou pas.

Si nous sommes pris dans le tourbillon de la vie, nous aurons des difficultés à ressentir ce que nous éprouvons. Nous risquons d'être submergés par trop d'émotions à la fois. Arrêtons-nous afin d'adopter un rythme plus apaisé. Les émotions demandent à être assimilées.

Se remettre en question

« Celui qui marche dans l'intégrité marche en confiance et trouvera le salut. »

Livre des Proverbes

Témoignage

« J'étais soucieuse. Victor, mon fils de 8 ans, avait de mauvais résultats scolaires. Pourtant je lui consacrais beaucoup de temps. Chaque soir, je lui expliquais les leçons qu'il ne comprenait pas. Je m'efforçais d'être patiente et je passais au moins une heure par jour à l'aider. Au deuxième trimestre, la situation ne s'était toujours pas améliorée. Je suis passée à la librairie acheter le journal et un titre sur un magazine m'a interpellée : « L'échec scolaire ». J'ai pris la publication en question et j'ai dévoré le dossier. J'ai découvert que des tas de parents se posaient les mêmes questions que moi. L'échec scolaire était fréquent. J'ai même lu un témoignage qui ressemblait beaucoup à ce que je vivais avec Victor. Le point de vue des psychologues était clair : ils conseillaient d'être moins exigeants avec nos chères têtes blondes. Ils constataient que beaucoup de parents mettaient trop de pression sur leurs enfants. Il fallait les laisser respirer un peu. Les enfants ont besoin de s'amuser et de décompresser. L'article donnait des références d'ouvrages sur le sujet. J'en ai lu une bonne partie, en un temps record. Pour moi, il y avait urgence à ce que Victor ait de bons résultats. Je me suis rendu compte que je l'accaparais beaucoup trop. Je m'en occupais trop. Je ne le laissais pas vivre à son rythme. Je contrôlais tous les jours ce qu'il avait à faire ou je vérifiais s'il avait fait tous ses devoirs. Je ne lui rendais pas la vie facile et à moi non plus. Au final, j'ai compris que je ne faisais pas assez confiance à mon fils. Je me conduisais comme si j'étais persuadée qu'il n'y arriverait pas. J'exigeais de lui ce que j'exigeais de moi. C'était absurde. Il fallait que je modifie mon attitude. J'ai donc essayé de changer et de faire confiance à Victor. J'ai adopté un comportement différent le jour même et je lui ai dit : « Je n'ai pas le temps de m'occuper de toi ce soir. Fais ce que tu dois faire. Je suis certaine que tu le feras très bien. » J'ai bien vu la surprise de Victor mais il est allé dans sa chambre et s'est mis au travail. Curieusement, je me suis sentie apaisée, détendue. Au bout d'une heure, Victor m'a annoncé qu'il avait terminé. « Veux-tu vérifier ? Est-ce nécessaire ? C'est comme tu veux. Alors, ça n'est pas la peine. » En changeant mon attitude, je me suis sentie beaucoup mieux et Victor aussi. L'atmosphère est maintenant détendue et les résultats… bien meilleurs ! »

Annick, 43 ans

Un peu de théorie

Le contrôle

Comme Annick, qui vérifie si son fils parvient à faire ses devoirs, nous avons la fâcheuse manie de vouloir contrôler les choses et les gens. La porte est-elle bien verrouillée ? La lumière dans la chambre des enfants est-elle bien éteinte ? Mon e-mail est-il bien parti ? Mon mari a-t-il fait les courses ? Mon fils a-t-il descendu la poubelle ? Toutes ces vérifications nous prennent non seulement du temps mais en plus elles nous encombrent. Pour prendre conscience de tous nos contrôles, observons-nous pendant une journée. Que vérifions-nous ? Est-ce indispensable ? Si nous sommes honnêtes avec nous-mêmes, nous reconnaîtrons que nous pouvons en éliminer une bonne partie. Nous nous sentirons peut-être moins « importants » mais plus légers.

À quoi nous accrochons-nous ?

Nous jouons tous un rôle : celui de parent, d'amant, d'enfant, de collègue, etc. Nous pouvons par exemple employer des termes peu habituels devant un client pour montrer notre professionnalisme. Si l'emploi de ce vocabulaire ne nous vient pas naturellement, si nous avons l'impression de jouer la comédie, nous avons raison. C'est le cas. Alors pourquoi continuer ? Est-ce vraiment indispensable ? Arrêtons d'imiter nos semblables et renouons avec notre véritable authenticité.

Fixons-nous de vrais objectifs

Pour nous réaliser, nous nous fixons des buts à atteindre. Cela est indispensable. Mais beaucoup de nos objectifs sont superflus et nous pourrions aisément les éliminer de notre vie. Par exemple, pourquoi nous laisser submerger par le travail ? N'est-ce pas là le signe que nous nous étourdissons pour oublier de nous connaître ? Que souhaitons-nous atteindre ? Nos objectifs nous concernent-ils directement ? Ne pouvons-nous pas ralentir le rythme et prendre le temps d'être avec nous ? Ne souhaitons-nous pas plutôt nous réaliser et rendre notre vie plus harmonieuse ?

Reconnaissons nos limites

Certains veulent toujours avoir raison et c'est très agaçant pour leur entourage. Lorsque ces gens-là débattent d'un sujet, ils préfèrent camper sur leurs positions plutôt que de reconnaître qu'ils se trompent. Ils ne veulent pas perdre la face. Le jour où ils se libéreront de leur orgueil, ils se sentiront beaucoup mieux. Nous avons tous à nous défaire d'attitudes qui, non seulement, nous desservent, mais nous empêchent d'être vraiment nous-mêmes. Soyons intègres et acceptons nos limites.

Soyons honnêtes avec nous-mêmes

Nous remettre en question, c'est prendre la décision de considérer ce qui ne va pas pour y remédier. Cette démarche requiert de l'humilité puisqu'il s'agit de reconnaître nos erreurs. Cela n'est jamais agréable. Nous devons ressentir le besoin impérieux de découvrir la vérité, pour être en mesure d'examiner sans complaisance la situation. C'est le désir d'authenticité qui va nous guider dans cette phase. Soyons honnêtes avec nous-mêmes pour que la remise en question soit possible.

Exerçons notre sens critique

Nous venons de nous disputer avec notre conjoint. Nous nous isolons, en proie à une grande détresse. Le mieux à faire est tout d'abord de faire tomber l'excitation qui nous trouble. Respirons profondément. Retrouvons notre calme. N'essayons pas de voir qui a raison (dans les disputes, en général, les torts sont partagés). Considérons plutôt ce que nous n'admettons pas et ce qui nous fait souffrir. Au besoin, notons-le. Écrire permet de révéler ce qui ne va pas. Que reprochons-nous à notre conjoint ? Que voudrions-nous qu'il fasse ? S'il le faisait, comment nous sentirions-nous ? Considérons-nous cette dispute comme bénéfique ? Pourquoi ? Posons-nous toutes les questions afin de comprendre ce qui nous bloque ou nous gêne intérieurement. Lorsque nous affirmons quelque chose, comme le conseille Byron Katie, demandons-nous simplement : « Est-ce vrai ? ». C'est une question clé qui est au centre de la remise en question.

À RETENIR

Arrêtons de jouer un rôle. Acceptons qui nous sommes et montrons-nous ainsi. Assumons-nous.

Chaque moment de notre vie est précieux. Ne le gaspillons pas en nous étourdissant par des activités superflues. Cherchons à nous réaliser.

Lorsque nous décidons de nous remettre en question, il n'est pas question de nous accabler. La démarche est déjà assez douloureuse comme ça. Il n'est pas nécessaire de la rendre davantage insupportable. Accueillons nos erreurs avec bienveillance. Se tromper n'est pas très grave. C'est humain. En comprenant nos méprises, nous nous en libérons. Cela nous permet d'évoluer.

Nous pouvons continuer à vivre sans rien y changer. Mais, si au fond de nous, nous ressentons un malaise, explorer la raison de ce mal-être sera salutaire. Plus nous ferons du « ménage » intérieur, plus nous nous allégerons et plus nous nous approcherons de notre véritable nature. En nous débarrassant de ce qui est superflu et dispensable, nous sommes tout simplement nous-mêmes.

Faire taire le mental

« Ne prenez pas vos pensées trop au sérieux. »

Eckart Tolle

Témoignage

« J'avais la fâcheuse tendance à m'inquiéter facilement, pour un oui ou pour un non. Je me montais facilement la tête et cela me rendait malheureux. Je me souviens d'un jour où ma copine, Estelle, venait de décommander notre soirée. Elle avait prétexté un travail important à terminer. Ça n'était pas la première fois qu'elle avait un empêchement. Je commençais à douter sérieusement de ses propos. Avait-elle réellement un travail urgent à finir ? N'était-elle pas plutôt avec un autre ? Pour moi, c'était le signe qu'elle en avait assez de moi. Je faisais une paranoïa. Je me demandais ce que j'avais fait pour lui déplaire. Bref, je me posais des tas de questions et plus je m'interrogeais, plus je doutais des sentiments d'Estelle envers moi. Comment faire pour savoir si elle était à son travail ? Devais-je lui téléphoner ? Non, elle pourrait me mentir. Et puis, si elle travaillait vraiment, elle pourrait s'agacer, à juste titre. Au bout d'une heure ou deux de rumination intérieure, je me suis décidé à appeler Antoine, un ami. Il m'a proposé de venir en discuter chez lui, ce que j'ai fait. Je lui ai raconté toutes les craintes que j'avais à propos d'Estelle. Antoine a essayé de me convaincre qu'Estelle était une personne directe et qu'elle n'était pas du genre à me cacher quelque chose. Mais je n'étais pas convaincu. C'est alors qu'Antoine m'a posé une question curieuse : « Peux-tu arrêter tes pensées ? ». Cela m'a énormément surpris. Comment pouvais-je y arriver ? Nous pensons sans arrêt ! Il m'a indiqué une technique très efficace : me mettre dans la position *d'observateur pour regarder chaque pensée. J'ai essayé. Le flot de mes pensées s'est immédiatement interrompu. Toute l'activité dans ma tête avait cessé. Je me suis senti vraiment soulagé. Tout ce « babillage » était terminé ! J'étais calme, détendu, content. En prenant ce recul, je me suis rendu compte que les pensées qui m'ennuyaient étaient ridicules ou plus exactement qu'elles étaient comme extérieures à moi et donc qu'elles ne faisaient pas partie de moi. Évidemment, quelques instants plus tard, elles ont essayé de revenir, mais je connaissais le moyen de ne plus me laisser envahir. Depuis cet épisode, j'essaie d'être conscient de mes pensées. Je rumine moins et je me sens mieux. »*

Benjamin, 34 ans

Un peu de théorie

Observons nos pensées

Nous entendons tous en permanence une ou plusieurs voix dans notre tête : c'est la pensée qui agit de cette manière. Nous avons donc affaire à des dialogues sans fin, sans en avoir vraiment conscience. Ils peuvent nous fatiguer, nous encombrer, nous stresser. Ils ne nous laissent pas en paix, comme pour Benjamin qui ne sait plus comment faire pour arrêter sa paranoïa. Pour en venir à bout, il faut d'abord en prendre conscience. La meilleure façon est de les observer, posément, sans émettre de jugement. Il s'agit de constater leur présence. Toutes ces pensées sont venues, sans crier gare, sans se présenter, un peu comme des intrus que nous n'aurions pas autorisés à entrer. En les observant, nous prenons conscience du peu d'intérêt que nous avons à les conserver.

Repérons nos pensées

Nous pouvons ainsi observer les pensées qui nous habitent et essayer de comprendre comment et pourquoi elles sont venues. À quoi font-elles référence ? Bien souvent, il s'agit d'un discours déjà entendu qui nous met mal à l'aise. Ces pensées peuvent trouver leur origine dans d'anciennes souffrances. S'en apercevoir nous en libère car nous réalisons dès lors qu'elles ne sont plus appropriées. Mais il peut s'agir de conflits non résolus que nous devons alors comprendre pour mieux nous en détacher. Cela demande, dans ce cas, un travail personnel. Lorsque nous saisissons pourquoi une pensée est entrée, nous pouvons nous en défaire définitivement.

Entraînons-nous à rester vigilants
Prendre conscience de nos pensées nécessite d'être vigilant. Au début, l'exercice est un peu difficile. Mais plus nous avançons dans la pratique, plus il est aisé de repérer à temps les pensées (avant qu'elles ne deviennent nuisibles).

Interrompons le flot des pensées
Si nous observons régulièrement ce qui se passe dans notre tête, nous pouvons nous débarrasser assez vite de nos pensées. Par contre, si nous ne le faisons pas, nous risquons d'être submergés par elles et ne plus savoir comment elles sont venues. Le plus simple alors est de nous arrêter, de respirer et de nous observer. Une fois le calme intérieur retrouvé, il est alors plus facile de les faire disparaître.

Le moment présent
Une solution pour faire taire les pensées est de vérifier si elles font référence au passé ou au futur. C'est pratiquement toujours le cas. Lorsqu'elles nous rappellent un événement ou une situation achevés, elles sont dépassées. Elles n'ont donc plus lieu d'être. Elles peuvent également nous projeter dans l'avenir et, de ce fait, elles ne sont pas réelles non plus. La vie se déroule à l'instant présent : c'est le seul moment qui nous permet de vivre et d'être pleinement.

La pensée imagine la vie

Le mental nous joue bien souvent des tours. Par exemple, nous souhaitons décrocher un emploi. Nous sommes parvenus à obtenir un rendez-vous. Si nous laissons faire notre mental, il va imaginer des scénarios catastrophes et provoquer de l'inquiétude (comme pour Benjamin qui se persuade qu'Estelle lui ment). Il faut prendre conscience que cette projection dans le futur n'existe pas. C'est une supposition. Cela n'est pas concret. Ce que notre mental envisage n'a aucune consistance. Il ne sait pas comment l'avenir va se dérouler. Il ne faut donc surtout pas le croire.

Un état d'unité

En faisant taire le mental, nous accédons à notre être véritable. Nous pouvons sentir notre propre présence. C'est elle qui nous permet de voir que les pensées nous sont extérieures. Même si au début, le silence intérieur est de courte durée, nous pouvons reconnaître notre propre intériorité. Il s'agit d'un état d'unité avec l'Être. Dans ce cas-là, nous sommes entièrement présents.

À RETENIR

Il ne faut pas non plus bannir tout ce que le mental produit. C'est un instrument fort utile qui nous permet de calculer, d'organiser ou de réfléchir. Mais il faut qu'il reste à sa place d'outil et ne vienne pas trop empiéter sur notre vie. Prenons-le comme tel et faisons-le taire lorsqu'il sort de son rôle d'instrument.

Pour éliminer les souffrances, regardons comment le mental procède : il juge, étiquette et rend malheureux. Détachons-nous en l'observant. C'est de cette manière que nous pourrons comprendre son fonctionnement.

Être

« Être veut dire présence. »

Martin Heidegger

Témoignage

« Je ne suis pas un adepte de la méditation mais j'aime bien néanmoins me livrer à des « activités » qui y ressemblent. De temps en temps, par exemple, je vais dans la nature pour être au calme. Je cherche un endroit tranquille et je m'assois. Là, je ne fais rien. J'observe. Je peux ainsi m'apercevoir de la présence des écureuils et des oiseaux. Je me sens privilégié de pouvoir regarder vivre tous ces animaux. Pour eux, tout a l'air simple : ils cherchent à se nourrir. Ils sont vifs, joyeux. J'admire aussi la majesté des arbres. Cela me ressource et j'ai vraiment la sensation d'exister pleinement. C'est un bol d'air nécessaire pour mon bien-être physique et mental, comme un appel intérieur pressant. Je dois y aller pour me retrouver et être à nouveau avec moi. Dans la nature, je sens ma présence, le Soi. J'ai accès à la sérénité. Quand je retourne chez moi, je suis en pleine forme et heureux de vivre. Cela peut paraître idiot, mais j'ai besoin de m'offrir ce moment, rien que pour moi. Je ne considère pas cela comme égoïste mais au contraire indispensable à mon équilibre. Je suis du coup beaucoup plus agréable avec les autres. Je fais très attention à me respecter. J'écoute mes désirs, mes envies. Je prends du temps avec ma propre personne parce que j'ai appris à m'aimer. Je fais aussi attention à ceux qui m'entourent. J'essaie de les aimer du mieux que je peux. Je me suis libéré des croyances qui me faisaient du tort. Par exemple, quand j'avais la trentaine, j'avais une haute opinion de ma personne. Je voulais toujours me valoriser et je cherchais à me mettre en avant. En fait, je me gâchais

la vie, mais je ne le savais pas. Un jour, je ne suis pas parvenu à respecter les délais dans mon travail. J'en étais malade. Je me sentais honteux. Ce retard montrait que je n'étais pas à la hauteur. Mais cette « faute » n'a pas eu de répercussion. Mon supérieur m'a simplement fixé un délai supplémentaire. Ce manque de « considération » m'a blessé. J'ai réalisé que je n'étais pas si important que cela et qu'il n'était pas nécessaire d'en faire trop. Du coup, je suis devenu moins orgueilleux et moins exigeant. J'ai évolué au fil des ans. Je crois que je suis enfin humble. Je me sens bien dans ma peau aujourd'hui. Je sais qui je suis et j'ai fini par m'accepter. Je n'avais pas une grande estime de moi avant parce que je me cherchais. Je ne savais pas de quoi j'étais capable. Toutes mes erreurs m'ont beaucoup appris. »

Loïc, 48 ans

Un peu de théorie

Qui sommes-nous ?

Nous nous posons tous un jour la question de savoir qui nous sommes. C'est même une interrogation cruciale au moment de notre adolescence. Cette quête semble devoir durer toute la vie. Nous nous forgeons d'abord une personnalité. Nous apprenons progressivement à mieux nous connaître. Nous cherchons à nous accomplir et notre besoin de réalisation de soi se précise au fur et à mesure que nous évoluons. Les autres occupent une place importante : que serions-nous sans leur regard et leur approbation ? Devenir soi, c'est se sentir responsable et en harmonie intérieure. Ce que nous cherchons, c'est nous épanouir et nous engager dans un projet qui donne du sens à notre existence. Devenir soi ne serait-ce pas réussir sa vie ?

Être soi

Être soi, c'est devenir libre. Il faut pouvoir s'assumer et ne plus vivre, par exemple, par rapport au regard des autres. Pour être nous-mêmes, nous devons nous considérer avec humilité et lucidité. Nous devons nous efforcer d'être fidèles à nous-mêmes. Être soi s'inscrit dans un processus, celui d'individuation, selon Carl Gustav Jung, et demande du courage. Nous devons pouvoir nous détacher de tout ce que nous avions construit comme carapaces, fausses croyances, etc. Être nous-mêmes, c'est nous montrer tel que nous sommes, dans toutes les situations et avec n'importe quelle personne.

Trouvons un équilibre

Être c'est trouver un équilibre entre ce que nous sommes et ce que nous voulons vivre. Nous devons parvenir à diriger notre vie pour la mener de façon sereine. Pour cela, il nous faut respecter notre personnalité et nos valeurs, connaître nos compétences et les utiliser, savoir ce que nous aimons faire et agir dans ce sens.

Soyons intègres

Le lâcher-prise nous demande de lever le voile sur tout ce qui encombre notre esprit. Plus nous ôtons nos protections, plus nous nous montrons et plus nous sommes nous-mêmes. Nous nous dirigeons vers davantage d'intégrité. Dans le silence intérieur, nous savons qui nous sommes. C'est cette recherche de soi qu'il faut respecter. Nous sommes guidés de l'intérieur pour nous dépouiller de tout ce que nous avons fabriqué à l'extérieur, pour nous protéger. Mais cette protection nous empêche d'être véritablement nous-mêmes. Il faut, au fil des ans, nous en débarrasser. Ne faisons plus de compromis avec nous-mêmes. Acceptons de vivre en conformité avec qui nous sommes vraiment.

Recherchons l'essentiel

Sachons reconnaître ce qui est important pour nous. À quoi et à qui tenons-nous sincèrement ? Prenons conscience de ce qui est inutile. Choisissons de vivre en accord avec nous.

Mettons du sens dans notre vie
En lâchant prise, en nous allégeant, nous accédons à davantage de liberté. Nous refusons les choses superflues, les relations ennuyeuses. Nous recherchons ce qui fait sens et ce qui nous apporte de la joie.

Ayons foi en nous
Nous avons tous des rêves de réussite, de bien-être, de bonheur. Écoutons-les et suivons-les. Nos buts intimes correspondent à nos désirs de réalisation et à ce que nous sommes.

Écoutons notre intuition
Lorsque nous sommes confrontés à un problème qui nous semble insoluble, il ne sert à rien de le ressasser dans tous les sens. Au contraire, demandons à notre mental de se taire. Faisons place au silence et stoppons nos pensées. Ne pensons plus à notre difficulté. La solution apparaîtra spontanément d'elle-même un peu plus tard. Lorsque nous cherchons un mot ou le nom d'une personne, nous pouvons procéder de la même manière. Arrêtons de chercher et pensons à autre chose. Notre intuition va nous indiquer le terme.

Accédons à notre conscience
Tout ce que nous avons besoin de connaître se trouve en nous. Il n'est pas nécessaire de consulter un maître zen ou un spécialiste spirituel. Comme le dit Guy Finley : « Nous sommes créés, chacun de nous, pour découvrir la vérité sur nous-mêmes à l'intérieur de nous-mêmes. » La conscience est disponible dans l'instant. Ainsi, tout ce que nous avons besoin de connaître se trouve dans le moment présent. C'est la clé pour vivre en pleine conscience.

À RETENIR

Être soi c'est prêter attention à qui nous sommes pour nous permettre de nous accomplir.

Être soi, c'est chercher à mener une vie en conformité avec notre nature, nos souhaits et nos valeurs.

Sachons reconnaître notre potentiel et l'utiliser dans un projet qui fait sens.

La connaissance de soi nous est délivrée lorsque nous écoutons notre sagesse intérieure.

Soyons honnêtes avec nous-mêmes et ne faisons plus de compromis. Décidons d'être intègres et vrais.

L'intuition est le chemin le plus sûr pour connaître notre vérité intérieure.

C'est en vivant dans le moment présent que nous accédons à notre conscience.

S'alléger

« Savoir se contenter de ce que l'on a constitue le plus haut degré de bonheur. »

Yoga Sutra

Témoignage

« J'ai pris l'habitude de jeter, dès que mes étagères ou mes armoires me semblent trop chargées. La première fois, c'est lorsque je me suis séparée de mon ami, Lucas. Nous vivions ensemble et j'ai fait le tri de ce que je pouvais emmener. Ça n'a pas été simple de jeter, de me séparer de certains objets, qui avaient une valeur affective, ou de choses que j'aimais bien. Mais j'emménageais dans un studio, un espace beaucoup plus petit. Je n'avais pas d'alternative : je devais laisser certaines choses à Lucas, en donner d'autres et enfin en jeter. Je suis finalement parvenue à faire des choix, non sans peine. J'avais du mal à laisser certaines choses à Lucas, comme ces petits bols dans lesquels nous prenions notre café. C'est assez ridicule, mais je les aimais bien. J'ai mis du temps à me décider. Si je les prenais, je savais que je penserai à Lucas en les utilisant. Donc, je les lui ai laissés. Mon départ ne s'est pas fait sans souffrance. Je partais mais j'avais toujours des sentiments pour Lucas. Néanmoins, je savais que je devais partir. Il fallait mettre un terme à notre histoire. En me séparant de certains objets, c'est comme si je réussissais à laisser une partie de mon passé. Quand je suis arrivée dans mon nouveau chez moi, je me suis sentie libérée et légère. J'étais un peu triste parce que je souffrais de la séparation mais le fait d'être partie avec juste ce qui me fallait était revigorant. Je pouvais ainsi repartir sur de nouvelles bases. J'avais avec moi l'essentiel pour me retrouver, me reconstruire et bâtir une nouvelle vie. J'ai acheté quelques meubles pour ranger mes affaires personnelles et me sentir bien dans ce nouveau lieu. Je voulais l'habiter intelligemment. C'est pourquoi je veille à ne plus m'encombrer. Par exemple, dès que les bibliothèques commencent à se remplir, j'opère un tri. Je regarde ce qui m'est indispensable, ce que j'aime vraiment, et je jette ou donne le reste. Je fais la même chose pour le contenu de ma penderie, à chaque changement de saison. Si je n'ai pas porté une tenue depuis plus d'un an, je la donne. Pour la cuisine, mon espace est assez réduit, donc il faut absolument que je me limite à l'essentiel. Aussi, quand le revêtement d'une poêle est trop usé, que les aliments attachent lors de leur cuisson, je ne tergiverse pas. Je jette la poêle et je la remplace. J'éprouve même du plaisir désormais quand je fais du vide. Je sais que je vais me sentir bien ensuite. »

Élodie, 31 ans

Un peu de théorie

Allégeons-nous pour nous libérer
Lorsque nous nous débarrassons des choses inutiles, nous libérons de l'espace. Ce vide allège à la fois le lieu mais aussi l'esprit. L'endroit respire et nous nous sentons plus légers. C'est comme si notre tête s'aérait. C'est un effet très vivifiant. Comme l'indique Élodie, en se séparant d'objets, elle s'est sentie libérée et allégée.

Faisons de l'ordre
Regardons autour de nous. Quelles sont les choses qui ne signifient plus rien pour nous ? Est-il indispensable de garder ce vieux bouquin sur le bricolage ? En jetant, nous pouvons réorganiser notre espace. C'est aussi l'occasion de

revisiter notre manière de vivre. Adoptons le rangement. Soyons disciplinés et mettons de l'ordre dans notre vie. Certains sont tellement habitués à vivre dans le désordre qu'ils n'ont pas conscience que cela nuit à leur bien-être. Il suffit de remettre en place deux ou trois livres, ranger quelques revues et tapoter quatre coussins pour s'en rendre compte : ne sommes-nous pas mieux dans un endroit ordonné ? Notre esprit n'est-il pas plus détendu ?

Simplifions-nous la vie
En décidant de posséder moins, notre vie s'en trouve facilitée. Ainsi, nous ne passons pas dix minutes à chercher un vêtement dans la penderie. Nous cuisinons avec des ustensiles à portée de main. Nous n'avons plus à attraper le plat de service qui se trouve derrière le lot de casseroles. Tout devient accessible et notre vie s'en trouve simplifiée.

Privilégions le beau
En nous allégeant de ce qui nous encombre, nous avons la possibilité d'offrir plus de place aux objets que nous aimons. Nous pouvons mettre en valeur les choses que nous trouvons belles. Un vase sur une étagère attire le regard alors que, s'il se trouve entre une rangée de livres, nous ne le voyons plus.

À quoi sommes-nous liés ?
Quand nous partons en vacances, que prenons-nous avec nous ? Des vêtements, un passeport et de l'argent. N'avons-nous pas une impression de liberté en étant ainsi « dépossédés » de tous nos biens ? Est-ce que nos objets nous manquent lorsque nous sommes loin d'eux ? Sommes-nous attachés à des habitudes, comme la télévision ou Internet ? Quelles sont les choses qui nous empêchent d'être avec nous-mêmes ?

Le poids des souvenirs
Nous sommes souvent attachés à des objets qui nous évoquent le passé.

Nous ne parvenons pas à nous en libérer. Est-il si important de conserver ce tableau offert par un ex ? À quoi cela nous sert-il de le garder ? Ce tableau nous rassure-t-il ? Pouvons-nous nous séparer des objets qui ont uniquement une valeur affective ? Réfléchissons à ce à quoi nous tenons. N'est-ce pas là l'occasion de nous en affranchir ?

Être ou avoir

La grande question est de savoir si nous privilégions le fait de posséder à celui d'être. S'entourer d'objets inutiles, vivre dans le désordre, accumuler des objets sont des habitudes nuisibles. Il est nécessaire de savoir ce que nous préférons : continuer à amasser comme le souhaite notre société de consommation ou accepter de vivre plus simplement, avec ce dont nous avons vraiment besoin ? Voulons-nous continuer à être menés par notre environnement consumériste ou souhaitons-nous être en harmonie avec nous-mêmes ?

Faisons de la place pour recevoir

En faisant table rase de tout ce qui nous encombre, nous permettons au nouveau d'entrer. Comment pouvons-nous l'accueillir dans un milieu surchargé ? En nous séparant du superflu, nous sommes à nouveau disponibles.

Choisissons nos relations

Sachons nous entourer de gens que nous estimons vraiment. Si certaines relations nous pèsent, rompons les liens. Ne gardons que celles qui nous permettent d'être bien.

À RETENIR

En allégeant nos lieux de vie, nous rendons nos esprits plus alertes. Nous faisons du ménage à l'extérieur comme à l'intérieur.

En conservant uniquement ce qu'il nous faut pour être bien, nous donnons de la valeur aux choses qui nous entourent. Nous choisissons de vivre dans un endroit qui nous va et qui nous correspond. En respectant nos lieux de vie, nous nous respectons également.

Une fois nos habitations délestées de tout ce qui les encombre, interrogeons-nous sur ce que nous allons faire. Que souhaitons-nous avoir à présent ? Comment voulons-nous vivre ? C'est le moment de décider de mener une vie simplifiée. Étudions ce qui est essentiel pour nous. Entourons-nous de l'utile, du beau et de l'agréable.

Plutôt que de posséder à outrance, décidons d'avoir ce qui nous est indispensable et ce que nous aimons. En adoptant ce principe, nous accordons davantage de place à qui nous sommes réellement.

Décidons de vivre dans un lieu ressourçant et inspirant, où nous nous sentirons bien.

Respectons-nous. Ne nous encombrons plus de relations pesantes. Ayons le courage d'assumer nos choix et entourons-nous de gens aimables.

Sentir le flux

« Fais toute chose parce que tu sais intérieurement que c'est juste pour toi et que seul le meilleur en sortira. »

Eileen Caddy

Témoignage

« Ma vie semblait bien réglée jusqu'au jour où je me suis retrouvée au chômage. Là, j'ai été confrontée à toutes sortes d'obstacles difficilement surmontables. Je pensais retrouver facilement un emploi mais cela n'a pas été le cas. J'ai cherché dans un autre domaine, mais j'ai été obligée de constater que les places étaient encore plus rares. Je ne savais plus quoi faire. J'ai eu une période de flottement. Je me sentais ballottée par les événements et ma vie avait perdu son sens. Je ressentais comme un vide, moi qui étais si vive et entreprenante. Là, j'étais perdue. J'ai rencontré une conseillère du pôle emploi qui a compris ce qui m'arrivait. Elle m'a suggéré de faire un bilan de compétences, ce que j'ai fait. J'ai été reçue par une psychologue. Comme je n'avais plus d'idées sur ce que je pouvais faire, j'ai fait des tests de personnalité. Cette première approche a mis en avant mon goût pour la nature. C'est vrai que, dès que je le peux, je m'évade à la campagne pour m'aérer. La ville est trop stressante pour moi. Les résultats ont révélé que je souhaitais être utile aux autres. Avec la psychologue, nous avons cherché les secteurs et les postes qui pouvaient correspondre. J'avais des rendez-vous chaque semaine avec elle et nous réfléchissions chacune de notre côté. En confrontant nos idées, j'ai pu avancer et clarifier ce qui m'intéressait. Au bout d'un mois, mon projet se précisait : j'avais très envie de travailler pour les jardins d'insertion dans un poste de chef de projet. Il fallait simplement que je suive une formation à dimension sociale, ce que j'ai fait. Une fois le domaine et le poste définis, les événements se sont enchaînés très vite. J'ai trouvé facilement une formation. Ayant été licenciée, je bénéficiais d'une aide ce qui m'a permis de me former sur six mois, sans rien débourser tout en percevant mes indemnités de chômage. J'ai commencé à chercher un poste, au milieu de ma formation. Je m'en félicite car j'ai pu démarrer mon poste actuel, immédiatement après ma formation. Je n'ai eu aucun temps mort. Tout s'est enchaîné naturellement. C'est comme si tout se débloquait parce que je faisais quelque chose qui me correspondait. Il n'y avait donc aucune raison que ça ne marche pas ! Je me sentais bien, confiante. J'avais la certitude que j'allais trouver un emploi en concordance avec mes aspirations. Aujourd'hui, j'occupe toujours ce même poste et j'en suis ravie. Je me sens exactement à ma place. »

Nathalie, 38 ans

Un peu de théorie

Cultivons le sens du possible
Comme Nathalie, ne soyons pas bloqués par des idées arrêtées. Nathalie ne s'est jamais dit qu'elle ne trouverait jamais d'emploi, elle a persévéré pour enfin découvrir le poste qui lui convenait. En lâchant prise sur des opinions erronées ou des a priori (comme « je n'y arriverai jamais », « je suis trop âgé », « je ne suis pas assez qualifié », etc.), nous permettons aux situations de se dénouer. Les événements peuvent ainsi se produire.

Une confiance inébranlable
Lorsque nous sommes confiants, tout s'enchaîne facilement. Même si cela n'est pas toujours facile, lorsque nous sommes confrontés à un problème

par exemple, restons optimistes et cherchons toujours à trouver une solution à ce qui arrive. Cette démarche permettra effectivement que les choses s'améliorent.

Surveillons notre humeur
Les signes de mauvaise humeur nous avertissent que quelque chose ne va pas. Prêtons attention à ce mouvement pour pouvoir nous en libérer. Soyons de « bonne » humeur car cet état d'esprit ne peut nous apporter que de bonnes choses. N'est-il pas plus agréable d'être gai plutôt que triste ? Alors décidons de l'être le plus souvent possible. L'optimisme se travaille. Nous nous portons bien mieux lorsque nous sommes joyeux.

Soyons dans le flux
Lorsque nous lisons un livre qui nous passionne, nous n'avons plus la notion du temps, tellement nous sommes absorbés par notre lecture. C'est que nous sommes dans un état de flux. De même, lorsque nous faisons l'action juste, celle qui est en accord avec soi et ce qui nous entoure, nous le savons et nous la vivons de manière intense. Nous ne pensons plus à nous-mêmes tellement nous sommes absorbés par notre tâche. Nous ressentons du plaisir tout en donnant le meilleur de nous-mêmes. Le psychologue Mihaly Csikszentmihalyi parle de « l'expérience optimale ».

Fixons des objectifs
Pour Mihaly Csikszentmihalyi, il est nécessaire de se fixer des buts pour vivre cet état de flux. Ces enjeux correspondent à ce que nous décidons de faire de notre vie. Comme Nathalie, nous pouvons décider de faire ce que nous aimons et nous rendre utiles.

De la concentration
Être dans le flux signifie prêter attention à ce que nous faisons tout en restant

sur le chemin fixé, à savoir celui qui mène à la réalisation de nos objectifs. Nous devons veiller à rester sur la bonne voie.

Ne nous opposons pas

Ne résistons pas aux événements qui surviennent mais apprenons à composer avec eux. Ainsi, Nathalie a d'abord recherché un poste similaire puis elle a fait un bilan de compétences. Elle n'a pas tenté de s'opposer à son licenciement. Elle ne s'est pas non plus entêtée à trouver le même emploi. Elle a accepté que les choses changent et elle a cherché d'autres solutions. Lorsque nous essayons de nous adapter, les choses sont plus simples. Il faut avoir l'humilité de reconnaître que parfois nous ne maîtrisons pas tout. Soyons curieux de voir comment nous comporter pour résoudre un problème plutôt que de le refuser.

Soyons ouverts sur l'extérieur

Il ne sert à rien de ruminer et de se lamenter lorsque les choses ne vont pas comme nous le souhaitons. Examinons ce que le contexte peut nous proposer. Nathalie ne peut plus être chef de produit. Elle ne passe pas ses journées à le déplorer. Elle agit. Elle regarde à l'extérieur ce qui existe en concordance avec ce qu'elle sait faire et ce qui lui plaît. En étant ouverts sur l'extérieur, nous avons la possibilité de saisir des opportunités et nous pouvons sentir que nous appartenons à un monde plus vaste.

Le sens du mouvement

La vie évolue sans cesse. Rien n'est statique. Nous pouvons nous en apercevoir chaque jour, dans notre quotidien. Sentir ce courant signifie que nous sommes libérés de nos vues étroites et de nos certitudes. Nous sommes prêts à saisir ce qui se présente comme nous sommes capables de comprendre une situation ou encore de trouver comment résoudre un problème. Nous vivons avec davantage de spontanéité et de confiance. Nous allons dans le sens de la vie.

À RETENIR

Nous pouvons tous vivre dans le flux. Pour cela, nous devons choisir de vivre de façon authentique. Il suffit de réaliser notre potentiel tout en nous sentant utiles.

Pour vivre dans le flux, faisons ce que nous aimons.

Ce n'est pas en ayant davantage de biens matériels ou d'argent que nous serons plus heureux. La démarche est inverse : nous devons d'abord être ce que nous sommes, faire ce que nous devons et ensuite avoir ce que nous voulons.

Ce n'est pas en se laissant dominer par les événements que nous irons mieux. Nous devons au contraire saisir ce qui nous arrive et chercher une solution.

Soyons sereins quoiqu'il arrive. Soyons certains de venir à bout de tous nos soucis. C'est en adoptant une attitude confiante que nous surmonterons tous les obstacles.

La souffrance

« Nous sommes bien armés pour l'ignorance. »

Jean Rostand

Témoignage

« Nathalie ne veut plus vivre avec moi. Elle va prendre un autre appartement. Je ne m'y attendais absolument pas. Je n'ai rien vu venir. Je ne comprends pas pourquoi Nathalie ne se sent plus bien avec moi. Je n'ai rien changé dans mes habitudes. Je travaille dur pour lui offrir une vie agréable. C'est vrai que je n'ai pas souvent envie de sortir, mais est-ce une raison pour partir ? Je reconnais que je ne participe pas beaucoup aux tâches ménagères. Je passe de temps en temps l'aspirateur. Il m'arrive de faire quelques courses quand Nathalie n'a pas le temps. Là, peut-être que je n'en fais pas assez, c'est vrai. Mais, c'est tout de même un détail. Ça ne justifie pas la rupture. J'ai déjà divorcé une fois, maintenant je suis de nouveau confronté à une séparation. Je vis cela très mal. Je me demande si je parviendrais un jour à avoir une liaison durable. Pourquoi les femmes me quittent-elles ? Nathalie m'a expliqué qu'elle ne me voyait pas assez et que, progressivement, elle s'est fait une raison. Elle s'est habituée à cette situation. Elle a occupé ses soirées sans compter sur moi. C'est vrai que c'est elle qui gère la maison et qui s'occupe de presque tout. C'est comme ça qu'elle s'est rendu compte que mon absence ne la gênait pas. Petit à petit, elle a eu envie de vivre seule à nouveau. Puis elle a fait une rencontre, qui a précipité les choses. Aujourd'hui, elle aime Pascal et veut pouvoir le recevoir chez elle. Elle ne veut pas vivre avec lui mais elle souhaite simplement retrouver sa liberté. Mais qu'est-ce qu'il a de plus que moi ?

Il n'a même pas un salaire fixe ! Il ne pourra pas offrir à Nathalie la garde-robe qu'elle a avec moi ! Qu'est-ce qui n'a pas marché ? Lors de nos dernières vacances dans les îles grecques, c'était bien. J'avais l'impression que Nathalie m'aimait, alors qu'elle était déjà avec ce Pascal ! Comment ai-je fait pour ne pas m'en apercevoir ? Je crois que je n'ai pas prêté suffisamment attention à elle. J'étais tellement sûr de moi. Je me souviens qu'elle avait l'air triste parfois. Elle devait penser à Pascal. Au début de notre liaison, elle me reprochait de rentrer tard. Mais je ne pouvais pas faire autrement... J'ai continué d'y penser. Ma douleur était si intense. C'est tout ce qui me reste de Nathalie maintenant : la douleur et les souvenirs. »

Patrick, 44 ans

Un peu de théorie

Nous ne sommes pas notre souffrance

Nous disons « je suis souffrant » ou « je suis mal », ce qui nous identifie à cette douleur. Pourtant elle est extérieure à nous, même si ce sentiment de mal-être semble venir de notre intérieur. Si elle faisait vraiment partie de nous-mêmes, elle serait constante et durable. Or, la souffrance, fort heureusement, est passagère.

Identifions nos anciennes blessures

Nous répétons parfois des schémas de souffrance. Ainsi, Patrick vit pour la deuxième fois une séparation. Peut-être est-il enfermé dans un comportement qui l'empêche d'avoir une vraie relation. Il ne prête pas assez attention à ses compagnes. Quand il a une liaison, il pense que c'est pour la vie et il ne fait plus les efforts nécessaires à l'évolution du couple. S'il reste sur cette certitude, il va de nouveau vivre une rupture. Autre exemple, Marlène ne parvient pas à rester avec un homme parce que son père a quitté le foyer familial lorsqu'elle avait 9 ans. Elle a peur d'être quittée à nouveau et n'ose pas s'engager. Ses ruptures successives la font souffrir mais, tant qu'elle n'aura pas identifié leur cause, elle continuera à avoir des liaisons sans lendemain qui la feront souffrir.

Connaître la cause

La souffrance, comme toutes les émotions, nous informe sur nous-mêmes et nous permet d'évoluer. En cherchant à comprendre ce qui nous fait souffrir, nous pouvons nous en libérer. Mathieu était persuadé qu'il ne méritait pas d'être aimé. De ce fait, il était toujours seul et en souffrait. Lorsqu'il a réalisé que cette pensée était à l'origine de sa souffrance, il a immédiatement modifié son état d'esprit. Il a saisi qu'il pouvait très bien y arriver. Depuis, il ne souffre plus et est très entouré.

La déception

Un ami ne répond plus lorsque nous essayons de le joindre sur son téléphone portable. Cela fait plusieurs fois que nous insistons et nous souffrons de ne pouvoir avoir une conversation avec lui. Pourquoi ne veut-il plus nous parler alors que nous avons besoin de lui en ce moment ? Son attitude nous déçoit. Quand il a besoin de nous, nous sommes toujours présents mais lorsque nous désirons qu'il nous rende la pareille, ça n'est pas possible. Plus nous ruminons, plus nous souffrons et alimentons un monologue intérieur qui ne fait que renforcer notre douleur. Mais pourquoi pester ainsi contre notre ami puisque nous ignorons tout de sa situation présente ? Tout le discours que nous fabriquons repose sur des suppositions. Alors, adoptons plutôt un accord toltèque : « Quoiqu'il arrive, n'en faites pas une affaire personnelle ».

Les épreuves difficiles

Nous avons tous à traverser des situations plus ou moins douloureuses dans la vie. Certaines sont néanmoins très difficiles à surmonter. C'est le cas lors de la perte d'un être cher. Il est alors presque impossible de nous défaire de notre douleur. Nous pouvons toutefois accélérer le processus du deuil, en acceptant notre douleur, en l'étudiant et en la comprenant. Lorsque nous reconnaissons notre douleur, nous pouvons mettre en lumière tout ce que notre ego a construit. Par exemple, Victoire essayait de trouver une explication à la disparition soudaine de son mari, décédé dans un accident de la route. Victoire avait besoin de donner un sens à la mort de l'être qu'elle aimait. Pourquoi était-il mort ? Il y avait certainement une raison. Elle avait besoin d'en trouver une pour accepter cette douloureuse séparation. Elle se torturait ainsi jusqu'au jour où elle a enfin réalisé qu'il n'était pas nécessaire de donner une explication au décès. La mort est naturelle. Son mari était mort, sans raison. C'était son heure. Elle devait simplement accepter sa perte. Cette prise de conscience lui a permis de faire le deuil.

Qu'est-ce qui souffre en nous ?

En posant cette question, nous écoutons ce que la souffrance a à nous dire. Nous acceptons sa présence. Nous ne dialoguons pas avec elle par la pensée, mais par le ressenti. Cette attitude va nous permettre de nous en libérer. Nous pouvons alors prendre conscience que l'ego est à l'origine de notre douleur. Par exemple, Aymeric, qui vient de perdre son emploi, va s'apercevoir qu'il est malheureux parce que son ego lui dit qu'il est un incapable.

Notre ignorance crée la souffrance

Notre imagination et nos suppositions sont bien souvent à l'origine de notre souffrance. Nous la construisons de toutes pièces. Elle n'existe pas réellement. Lorsque nous pensons « je n'en peux plus » ou « je n'y arriverai jamais », c'est faux. Nous inventons la souffrance et nous l'entretenons avec nos discours intérieurs. Lorsque nous nous rendons compte de notre erreur, lorsque nous réalisons que nous fabriquons cette souffrance, elle cesse. Il suffit de savoir d'où elle vient.

À RETENIR

En nous demandant pourquoi nous souffrons, notre souffrance est déjà moins aiguë : nous commençons à amorcer le processus de guérison.

Nous sommes tellement attachés à souffrir que nous ne remettons jamais en question cette émotion. Pourtant, elle nous gâche sérieusement l'existence. En nous demandant si la souffrance que nous éprouvons est vraiment utile, nous agissons déjà vers une prochaine libération.

Lorsque nous ressentons cet intolérable malaise, au lieu de nous dire « que je suis malheureux ! qu'est-ce que je souffre ! » et de continuer à nous apitoyer ainsi sur notre propre sort, adoptons une attitude frontale et considérons notre souffrance.

Lorsque nous prenons conscience que la souffrance n'est pas nous, il est aisé de s'en séparer. Nous pouvons refuser de la laisser nous envahir.

La peur

« *La peur n'a qu'une peur, c'est que tu l'abandonnes.* »

Henri Gougaud

Témoignage

« J'ai mis presque vingt ans avant d'exercer le métier d'ébéniste. J'ai toujours été attirée par le travail du bois mais je ne pensais pas en faire ma profession. Je craignais de ne pas pouvoir gagner ma vie avec l'ébénisterie. Il est vrai que ce métier est essentiellement masculin et personne ne m'a vraiment encouragée à le faire. C'est parce que les événements m'y ont plus ou moins poussée que je me suis décidée à franchir le pas. J'ai travaillé avant comme commerciale. J'aime les contacts, c'est pour cette raison que j'avais choisi cette voie. Je gagnais très bien ma vie mais je n'aimais pas particulièrement ce métier. J'ai été licenciée une première fois et je suis restée un an au chômage avant de retrouver un autre poste. J'ai trouvé le temps long. Je me suis vraiment interrogée à partir de ce moment-là. J'avais envie de changer d'orientation mais je n'avais pas de formation. J'étais en proie à de nombreux doutes : est-ce que je pourrais vivre de ma passion ? L'idée de travailler le bois me titillait. J'avais très envie de le faire. Mais j'avais trop peur à l'époque, je n'étais pas encore prête. Je n'avais même pas d'idée précise sur le métier que je pouvais faire. Je me suis informée mais finalement, j'ai retrouvé un emploi dans la vente. Seulement, au bout d'un an, la société a été mise en liquidation. Ça a été le déclic, je me suis dit : "C'est le moment où jamais. Fais ce que tu as envie." Et je l'ai fait. J'ai suivi des cours d'ébénisterie et j'ai obtenu le CAP. Ensuite, j'ai trouvé un poste dans un atelier. J'ai beaucoup appris. Aujourd'hui, j'ai mon propre atelier. C'est difficile car mes revenus ont été divisés par trois. Malgré tout, je suis contente de le faire. Je suis beaucoup plus heureuse aujourd'hui. Pour rien au monde je ne voudrais redevenir commerciale. »

Lise, 38 ans

Un peu de théorie

La peur justifiée
La peur est une émotion qui nous signale la présence d'un danger. Par exemple, nous ressentons de la peur lorsque nous sommes au bord d'un précipice. Nous devons nous montrer vigilants pour ne pas tomber. La peur nous avertit et nous demande de faire attention. Sa présence, quand elle concerne notre physique, est donc salutaire.

Des peurs variées
La peur peut être de courte durée et nous envoyer un signal fort, avec la sensation du cœur qui lâche par exemple. Mais elle peut aussi prendre différentes formes et aller d'une simple inquiétude à une véritable terreur, en passant par une panique. La psychologie distingue plusieurs sortes de peur dont l'angoisse et les phobies. Ainsi, l'angoisse est une peur dont les causes sont inconscientes. Elle peut provoquer des cauchemars. Les phobies sont des peurs, donc la cause est très bien identifiée. Il existe toute une panoplie de phobies comme la claustrophobie (la peur d'être enfermé), l'arachnophobie (la peur des araignées) ou l'acrophobie (la peur de ce qui est haut).

Les manifestations physiques
Lorsque nous avons peur, notre corps est complètement sous son emprise. Les effets varient en fonction de l'intensité de notre peur. Les battements

de notre cœur s'accélèrent, nous transpirons, nos mains sont moites. À un degré supérieur, nos mains tremblent, nos jambes flageolent, notre respiration est plus forte, notre voix s'étrangle ou tremble, nous avons une boule dans l'estomac et certains d'entre nous sont même pris de vomissements. La peur modifie aussi notre esprit : nous avons l'impression de vivre dans l'irréalité et d'être anesthésiés psychiquement.

Ce qui arrive aux autres pourrait nous toucher

La peur est utile lorsqu'elle nous prévient d'un danger bien réel. Mais elle peut être provoquée par des craintes provenant de notre environnement. Notre imaginaire nous fait alors entrevoir le pire. Nous avons peur par exemple de perdre notre emploi et de devenir SDF. Nous craignons d'être cambriolés, ce qui fait le bonheur des compagnies d'assurance. Les journaux télévisés alimentent ainsi toutes nos peurs issues de ce qui arrive aux autres. Ils ne nous montrent que le côté noir des événements et contribuent à nous faire croire que nous vivons en perpétuelle insécurité. L'émotion a remplacé l'information. Soyons réalistes, ce n'est pas parce que les employés d'une multinationale ont été licenciés que nous allons tous nous retrouver au chômage. Prenons du recul avec les situations catastrophiques qui nous entourent.

La peur de l'inconnu

La peur dont il est le plus difficile de se défaire est celle qui concerne l'inconnu. Nous élaborons alors des scénarios intérieurs totalement faux car issus de notre imagination. Ils nous gâchent la vie car ils donnent naissance à la peur. Ainsi, Lise a d'abord exercé un travail qu'elle n'aimait pas par crainte de ne pas gagner suffisamment avec l'ébénisterie. Nous sommes très nombreux à agir ainsi, persuadés que faire ce que nous aimons n'est pas compatible avec la question de l'argent. Pourquoi serions-nous payés à faire ce qui nous amuse ? Absurde ? Impossible ? Posons-nous la question. Si nous n'essayons pas, nous n'aurons pas la réponse. L'objectif est de prendre des risques mesurés. Cela nécessite du courage.

Quel est le danger ?
Lorsque nous ressentons de la peur, interrogeons-nous sur sa provenance. Qu'est-ce qui l'a provoquée ? Si nous souhaitons, comme Lise, changer de métier pour exercer une profession qui nous correspond davantage, nous avons peur d'échouer. Mais nous risquons aussi de réussir ! Prenons conscience de cet aspect qui peut modifier le cours de notre vie. L'important est d'agir en fonction de soi et non à cause d'une peur. Soyons maîtres de nos vies et comprenons nos peurs pour les surmonter.

Examinons nos peurs
Pour comprendre nos peurs et les anéantir, il faut nous livrer à un travail d'introspection. Par exemple, nous avons peur de perdre notre travail. Prenons du recul et interrogeons-nous : notre peur est-elle justifiée ? Pour quelles raisons avons-nous peur ? Qu'implique notre peur ? Que ferions-nous sans notre peur ?

Nous libérer de nos peurs
Nous pouvons combattre nos peurs en les étudiant. Souvent, elles sont le fruit de notre imagination et nous empêchent de prendre les risques nécessaires à notre évolution. Nous devons vérifier si nous sommes réellement en position d'insécurité. La plupart du temps, cette insécurité est fictive : elle concerne le futur. Nous ne changeons pas d'emploi parce que nous avons peur de nous retrouver sans le sou. Au lieu de ne rien faire, examinons plutôt comment faire pour ne pas se retrouver dans cette situation. Ayons une attitude confiante et apprenons à résoudre les problèmes que nous nous posons. Rien n'est impossible lorsque le bonheur est en jeu.

À RETENIR

La peur va de la simple crainte à la terreur. Elle s'accompagne d'effets physiques tout aussi nuancés : nous pouvons avoir les mains moites mais si la peur nous tenaille, nous pouvons aussi avoir envie de vomir.

La seule peur que nous pouvons admettre est celle qui est destinée à nous protéger. Toutes les autres peurs nous empêchent d'avancer.

Nous nourrissons la peur de dialogues intérieurs qui sont le fruit de notre imagination. Nous envisageons des scénarios catastrophes. Pourquoi ne pas opter pour une « happy end » ?

Ne nous laissons pas dominer par la peur. Prenons le recul nécessaire pour l'examiner et restons maîtres de notre vie.

La peur survient lorsque notre confiance nous fait défaut. Renouons avec notre confiance pour vivre pleinement.

Lorsque nous avons pris conscience des raisons de nos peurs, nous pouvons nous en défaire en appliquant nos solutions. L'action permet de nous en libérer.

L'anxiété

« N'oubliez jamais ceci : il ne nous est jamais donné d'épreuves que vous ne puissiez surmonter. »

Rabbi Nahman de Bratslav

Témoignage

« J'étais chargée d'études dans une société. Le travail m'intéressait et je gagnais correctement ma vie. Mais un jour, le responsable des études a pris sa retraite et une jeune femme, Marine, lui a succédé. Le changement a été radical. D'une relation ouverte et chaleureuse, avec une charge de travail acceptable, je suis passée à une surcharge de travail et à des relations exécrables. Marine distribuait les missions et les délais sans se soucier de ce que j'avais déjà à faire. Je me suis vite trouvée submergée et je ne parvenais pas à respecter les délais même en emmenant du travail chez moi. J'ai dit à Marine qu'il m'était impossible d'enquêter sur tous les secteurs qu'elle me confiait. Elle a eu l'air surpris et m'a dit que mon organisation devait certainement laisser à désirer. Elle me laissait une semaine supplémentaire pour boucler ce que j'avais à faire. Je me suis vraiment demandé comment j'allais faire pour y arriver. J'ai voulu discuter avec un autre chargé de mission qui était confronté au même problème que moi. Mais, il n'a pas souhaité me parler, trop occupé à terminer un rapport. J'ai regardé les choses en face : tout ce que je devais faire me demanderait un mois de travail. C'était impossible. Je suis retournée voir Marine. Je lui ai exposé comment je procédais et le temps que cela me demandait. Je lui ai suggéré de prendre des enquêteurs pour que les délais puissent être *respectés. Là, elle a enfin compris que je n'y arriverai pas seule. Elle a donc réduit ma charge de travail et a fait appel à des indépendants. Cela m'a soulagée. Je suis repartie dans mon bureau, satisfaite. Mais trois semaines plus tard, Marine, m'a encore une fois confié une étude importante. Les délais qu'elle m'imposait étaient intenables. Elle ne voulait pas, cette fois-ci, faire appel à des intervenants extérieurs. Je devais me débrouiller toute seule. L'angoisse m'a assaillie. Je ne savais absolument pas comment j'allais y arriver. Toutefois, cela faisait trois ans que je travaillais dans ce cabinet et je me sentais performante. Je ne devais pas craindre pour mon poste. Je devais montrer mon professionnalisme. J'ai fait un plan. J'ai établi un calendrier et je me suis rendu compte qu'au vu des délais impartis, je pouvais réaliser une sorte de panorama mais non une étude approfondie. J'ai listé les paramètres que j'allais pouvoir traiter et je suis allée voir de nouveau ma supérieure. Elle m'a donné le feu vert et m'a même félicitée ! »*

Maud, 34 ans

Un peu de théorie

Définition

Nous sommes tous anxieux, à des degrés divers. C'est une émotion qui nous maintient, en quelque sorte, en vie. En effet, elle apparaît lorsque nous nous sentons menacés : ce à quoi nous tenons est en danger. Nous pouvons avoir peur de perdre un emploi ou encore l'être aimé. Lorsque nous ne sommes pas certains de réussir quelque chose, dans n'importe quel domaine, l'anxiété se déclenche. Elle se manifeste par un état d'appréhension et de nervosité. Elle peut engendrer des palpitations, une accélération du pouls, voire de la transpiration.

Un enjeu important à l'issue incertaine

L'anxiété nous signale que ce que nous voulons garder ou obtenir est important à nos yeux. Sinon nous resterions indifférents. Par exemple, lorsque nous tenons absolument à conserver un emploi, nous pouvons ressentir de l'anxiété. Parce que nous n'en connaissons pas l'issue, que nous ne savons pas si nos efforts vont être récompensés et si nous allons vers le succès ou non. Pour conserver un emploi, notre inquiétude nous pousse à agir différemment. La situation demande alors davantage d'énergie que d'habitude.

Les situations anxiogènes

Les situations les plus courantes concernent les domaines dans lesquels nous souhaitons réussir. Ils concernent l'amour, le travail, les relations. Par exemple, lorsque nous rencontrons l'amour, nous faisons tout notre possible pour conquérir et séduire l'être aimé. Si nous sommes en couple, nous pouvons ressentir de l'anxiété si nous trouvons que notre moitié nous prête moins d'attention. Nous voulons être aimés.

Faisons face à l'anxiété

Considérons cet état émotif pour ce qu'il est. Il est normal et sain d'être anxieux pour la poursuite de nos objectifs par exemple. Mais il ne faut pas se laisser envahir par l'anxiété. Elle ne doit pas prendre trop de place, sinon elle nous empêchera d'être efficaces. En prenant simplement conscience de notre état, nous pouvons le reconnaître et l'utiliser. Il doit juste nous stimuler et non nous gâcher la vie. Pour ne pas se laisser submerger par l'inquiétude, rappelons-nous que nous avons en nous toutes les réponses pour résoudre un problème.

Évitons de réagir

Lorsque nous sommes en proie à l'anxiété, il est tentant de se laisser mener par cette émotion. Nous pouvons par exemple nous sentir bloqués. Nous ne trouvons pas d'issue et nous ne savons donc plus quoi faire. Nous sommes comme tétanisés. Il est évident que cela ne va pas arranger les choses. Certaines personnes préfèrent fuir plutôt que d'aller vers le changement. D'autres vont devenir agressives ou soumises. Toutes les réactions sont à proscrire. L'anxiété nous indique que nous avons peur mais nous avons toujours la possibilité d'y faire face.

Renforçons notre confiance

L'anxiété nous signale que nous nous sentons en danger. Agissons pour mener à bien ce qui nous inquiète mais, dans le même temps renouons avec notre confiance. Ainsi, prenons quelques instants pour considérer la situation. Le temps de prendre conscience de nos qualités et de renforcer notre assurance. Cela permet d'agir de manière efficace. Prenons donc le temps de nous apaiser et de nous réconforter : demeurons confiants quant à l'issue. Nous avons la capacité de gérer toute situation. Sachons utiliser notre anxiété et la transformer en une force tranquille.

Lâchons prise

Si nous sommes confrontés à une situation un peu stressante c'est parce que nous ne savons pas comment elle va évoluer. Comme l'enjeu est important pour nous, nous avons tendance à essayer de contrôler l'issue. Mais c'est le contraire qu'il faut faire : il faut lâcher prise et regarder les choses avec confiance.

À RETENIR

L'anxiété repose sur la peur de l'inconnu. C'est parce que nous ne connaissons pas l'avenir, que nous sommes inquiets, angoissés, stressés. Il existe toute une palette terminologique liée à l'anxiété.

Nos expériences inquiètes se rapportent à l'amour, au travail et aux relations.

Nous avons peur de perdre quelque chose qui a de l'importance pour nous.

Prenons conscience de notre état anxieux et cherchons calmement les solutions.

Agissons avec confiance, c'est le moyen le plus sûr pour y arriver. L'anxiété ne peut pas la faire disparaître. La confiance est toujours là, à l'intérieur de nous.

Toutes les réactions sont néfastes et nuisent à notre développement. Essayons de comprendre les causes de notre anxiété et agissons sereinement.

Plus nous avançons et plus nous expérimentons des situations stressantes. En les surmontant, nous évoluons de plus en plus.

Faisons face à l'anxiété en assumant ce que nous sommes. Ayons conscience de notre potentiel.

La culpabilité

*« Tu vis continuellement une fable
et tu ne t'en aperçois pas. »*

Hugo Pratt

Témoignage

« J'ai pris conscience récemment d'une culpabilité qui me gâchait la vie sournoisement. J'essayais de ne pas y prêter attention lorsque ce sentiment désagréable pointait le bout de son nez. Mais un jour, je ne sais pas trop pourquoi, j'en ai eu assez et j'ai vraiment réfléchi. Je dirige un cabinet d'expertise comptable et mes affaires sont plutôt florissantes. Mon chiffre d'affaires augmente chaque année et mes clients sont de plus en plus importants. J'ai démarré seul alors qu'aujourd'hui nous sommes quinze. Je m'en félicite. Mais, curieusement, je me sentais coupable de réussir professionnellement et d'avoir de l'argent. Trop affairé par mon travail, je n'y prêtais pas suffisamment attention et donc j'ai vécu ainsi pendant dix ans. Je venais de boucler mon exercice et j'avais encore obtenu une progression de 5 % de mon chiffre d'affaires. Au lieu de me réjouir, je me suis senti fautif. Je me suis demandé pourquoi. En quoi était-ce mal de gagner de l'argent ? J'ai réfléchi. Mes parents viennent d'un milieu modeste et vivent simplement. J'ai un frère, plus âgé, qui est employé par une société de gardiennage. Je sais qu'il ne gagne pas beaucoup. Je me suis demandé si ma culpabilité ne pouvait pas venir de cette différence. J'ai souvent proposé d'aider mes parents s'ils en avaient besoin mais ils m'ont toujours dit que ça allait. Il est vrai que je suis toujours un peu gêné lorsque je vais les voir. Je préfère les recevoir. J'essaie toujours de leur faire plaisir.

Mais, quand ils viennent je me sens coupable d'être heureux et de réussir, car je sais que leur vie n'a pas été facile. J'ai pris conscience que je me sentais coupable de mon bonheur et de mon succès, ce qui était ridicule. Je n'avais pas à faire comme mes parents. À chacun de choisir la vie qui lui va. J'avais pris des cours du soir pour devenir expert comptable et je travaillais dans la journée. J'avais mérité mon succès actuel. J'ai pris conscience que j'étais également mal à l'aise avec mon frère qui ne faisait pas un travail qui lui plaisait. Mais qu'y puis-je dans le fond ? Chacun est responsable de sa vie. Je ne devais pas m'encombrer du fardeau d'un autre. J'ai compris ainsi que ma culpabilité venait de mon enfance. Mes parents avaient souvent des difficultés financières et je devais, en quelque sorte, faire de même. Depuis cette prise de conscience, je me sens beaucoup mieux et je sais désormais profiter de chaque nouveau contrat. Ma joie est entière ! »

Denis, 45 ans

Un peu de théorie

Une affaire de conscience

Se sentir coupable est lié à la conscience. C'est notre conscience qui nous indique si ce que nous faisons est bien ou pas. Lorsque nous sommes coupables, notre conscience nous avertit que nous agissons en désaccord avec nos propres valeurs. Si nous ne possédions pas ce code moral, nous pourrions tuer notre prochain sans état d'âme. La culpabilité nous indique que nous devons étudier ce qui crée ce malaise. C'est la seule façon d'y remédier pour ne plus ressentir cette émotion peu agréable.

En rapport avec nos agissements

La culpabilité apparaît lorsque nos comportements, nos pensées ou nos actions ne coïncident pas avec notre intégrité. Elle nous signale que nos agissements ne sont pas bons. Ce que nous faisons n'est pas bien ou ce que nous pensons ne correspond pas à notre éthique.

Les tiraillements de la culpabilité
La culpabilité nous met dans des états émotionnels très inconfortables. Elle agit en arrière-plan et nous tient sous sa coupe. C'est un sentiment persistant qui, tant que nous ne l'avons pas analysé, demeure en nous.

Cessons d'alimenter notre culpabilité
Il nous arrive de regretter nos actes et de culpabiliser. Mais, au lieu d'accepter notre erreur et d'essayer de nous pardonner, nous alimentons la plupart du temps un discours intérieur qui ne fait que renforcer notre culpabilité : « *Oh, si seulement je n'avais pas eu ce problème de train, j'aurais pu trouver une boutique encore ouverte et faire un dîner de fête.* » Nous aimons bien, en règle générale, dramatiser nos situations et faire des suppositions de toutes sortes. Nous en rajoutons alors qu'il serait beaucoup plus simple de changer notre attitude.

Que regrettons-nous ?
Pour nous débarrasser de notre culpabilité, examinons ce qui nous fait souffrir. Que regrettons-nous ? Est-ce en rapport à des événements qui auraient dû se passer ? Soyons réalistes : est-ce que les choses auraient pu vraiment se produire différemment ? La réponse est non.

Acceptons
Nous ressentons de la culpabilité. Acceptons entièrement cette émotion. Portons notre attention sur elle. Avons-nous encore des regrets ? Que devons-nous changer pour ne plus ressentir de culpabilité ? Notre attitude ? Notre pensée ? En acceptant la venue de cette émotion, nous pouvons entrevoir la solution à notre mal-être.

Deux sortes de culpabilité

Il existe deux sortes de culpabilité : une culpabilité « naturelle » et une culpabilité « malsaine ». La première survient lorsque, par exemple, nous avons « volé » un stylo à un ami et nous nous sentons un peu mal à l'aise. C'est une réaction plutôt saine. Elle est là pour nous éviter de commettre des fautes et de nuire à autrui. La seconde est plus complexe car elle contient souvent d'autres émotions comme la colère, la peur et la tristesse. Elle a la particularité d'apparaître alors qu'il n'existe aucun motif réel. La culpabilité est provoquée par notre imaginaire. Nous pouvons ainsi nous sentir coupables de réussir vis-à-vis de nos parents, d'être l'enfant préféré ou encore d'exercer une profession qui déplaît à nos parents. Ces culpabilités prennent leur source généralement dans l'enfance. Elles sont persistantes et reviennent de façon épisodique tant que nous ne les avons pas résolues. Pour y remédier, il faut étudier notre discours intérieur et vérifier sa véracité. Qu'est-ce qui a pu déclencher cette émotion et les propos que nous nous tenons ?

Coupables de quoi ?

Pour venir à bout d'une culpabilité malsaine, il faut pouvoir se défaire d'une croyance souvent à l'origine de cette émotion. Certaines femmes sont par exemple fautives lorsqu'elles reprennent une activité et laissent leur enfant à la crèche. Elles se croient obligées de s'occuper de leur progéniture au lieu de s'épanouir à travers une activité. Toutes sortes de pensées encombrantes peuvent ainsi provoquer de la culpabilité.

À RETENIR

La culpabilité saine nous empêche de mal nous conduire. Elle est liée à notre conscience.

Cette forme de culpabilité repose sur des motifs qui n'en sont pas. Nous les avons inventés.

Ne laissons pas la culpabilité malsaine nous mener. Sachons débusquer ce qui a pu la provoquer et reprenons le contrôle de notre vie.

Avons-nous raison d'être coupables ? Sommes-nous responsables de la manière de vivre des autres ? De leur malheur ? Recentrons-nous sur nos véritables responsabilités : nous sommes responsables de nos actes, de nos paroles et de nos pensées.

Elles sont souvent à l'origine de notre culpabilité. Les croyances n'ont pas de fondement réel et n'existent que dans notre esprit.

Les culpabilités malsaines satisfont très souvent un besoin inconscient de se punir. Autorisons-nous à connaître le bonheur. Ne soyons plus coupables d'être heureux.

L'envie

« Envier, c'est se reconnaître inférieur. »

Pline le Jeune

Témoignage

« J'ai mis un certain temps avant de me rendre compte que j'enviais un ami, Philippe, qui m'est pourtant très cher. Je lui disais qu'il avait beaucoup de chance mais, au fond de moi, son succès auprès des femmes et sa réussite professionnelle m'agaçaient. Il est vrai que pour moi les choses n'allaient pas très fort. Je ne parvenais pas à trouver un poste à la hauteur de mes exigences. Je voulais que mes capacités soient reconnues, mais comme je démarrais, ça n'était évidemment pas possible. Je devais faire mes preuves. Côté cœur, j'étais toujours seul et je faisais peu de conquêtes. J'étais moins charmant que Philippe, qui séduisait immédiatement les personnes qu'il côtoyait. Sans en avoir vraiment conscience, je me comparais à lui et, bien sûr, cela n'était pas à mon avantage. J'ai compris que je l'enviais lorsqu'il m'a demandé pourquoi j'étais énervé. Nous étions à une soirée et Philippe était brillant, comme d'habitude. Moi, j'essayais de faire de mon mieux mais je me sentais minable. Je crois que j'ai un peu trop bu ce soir-là et je me suis montré irascible envers lui alors qu'il n'y avait aucune raison de l'être. J'étais jaloux de sa position, je l'enviais. J'avais honte de ressentir cela. Je me suis senti encore plus minable. Cela m'a dégrisé. Je suis rentré chez moi et j'ai réfléchi. Il était temps de me prendre en main et d'arrêter d'observer ce que vivait Philippe. Si je l'enviais, c'est que quelque part je pensais pouvoir obtenir les mêmes succès. Il fallait que j'essaie d'y parvenir au lieu de demeurer dans cette position de jaloux honteux. Je devais croire en moi, en mon potentiel. Je n'ai pas dormi cette nuit-là. J'avais trop besoin de faire le point et d'aller de l'avant. Je ne voulais plus souffrir car cette jalousie était douloureuse. J'ai étudié la situation et ce que j'enviais chez Philippe pour vérifier si je possédais ses qualités. Philippe semblait à l'aise partout. Je ne l'étais pas mais je voulais l'être. Je devais donc faire en sorte de le devenir. J'ai compris que je devais progresser sur deux aspects : le relationnel et mon estime personnelle. Je me suis fixé des objectifs, comme essayer de faire abstraction du regard des autres. J'ai revisité mon passé : beaucoup d'événements me prouvaient que j'étais capable d'avoir de bonnes relations. Il fallait donc que je retrouve un peu plus de confiance en moi. J'ai listé de nouvelles résolutions et je me suis senti plus serein. La jalousie m'a servi à progresser. »

Jérémy, 29 ans

Un peu de théorie

Distinction entre l'envie et la jalousie

Nous assimilons fréquemment l'envie à la jalousie, pourtant ces deux émotions sont différentes. « L'envie, nous dit le Petit Robert, est un sentiment de tristesse, d'irritation et de haine qui nous anime contre qui possède un bien que nous n'avons pas. » L'envie nous fait croire que notre situation serait meilleure si nous avions ce que l'autre détient. La jalousie, par contre, c'est vouloir conserver ce qui nous appartient ou que nous croyons nous appartenir. La jalousie est liée à l'amour et elle implique trois personnes. Le jaloux craint, par exemple, qu'un autre ne lui enlève sa bien-aimée. L'émotion qui nous intéresse ici concerne l'envie.

Un sentiment honteux

L'envie est mal vécue car elle est mêlée à de la honte. Nous la camouflons. Ainsi Jérémy n'en a pas parlé à son ami. Il s'est retiré seul chez lui pour y réfléchir. C'est un sentiment qui ne nous procure aucun plaisir, bien au contraire. La honte apparaît car nous réalisons qu'il nous manque quelque chose pour être accomplis.

Un sentiment bâti sur le manque

L'envie repose sur le manque. La publicité l'a bien compris et l'utilise à outrance : achetons cette voiture pour nous sentir bien ! Nous pouvons ressentir de l'envie pour des choses très diverses mais cela ne concerne pas uniquement la sphère matérielle. Nous pouvons envier quelqu'un, comme c'est le cas pour Jérémy.

Des sentiments troubles

L'envie est accompagnée d'impressions désagréables pas toujours aisées à distinguer. L'envie induit la frustration. Nous pouvons ressentir de la colère, de la rancune, de la tristesse voire de l'avidité. Ainsi, Jérémy est en colère contre lui-même car il n'est pas aussi brillant que son ami. Son inaptitude à briller l'énerve. Poussée à l'extrême, l'envie peut engendrer de la haine. Jérémy aurait pu haïr Philippe s'il n'avait pas mené son analyse.

Les origines de l'envie

La psychologie constate que l'envie peut naître dès le stade du nourrisson, lorsque son besoin en lait n'est pas satisfait par exemple. L'envie peut survenir plus tard avec l'arrivée d'un petit frère ou d'une petite sœur. L'enfant doit alors partager l'amour de ses parents avec le nouveau venu. Il envie la place choyée qui est attribuée à ce dernier. Si la famille ne correspond pas à ce que nous attendons sur le plan financier par exemple, là encore, nous pouvons envier ceux qui vivent dans le confort. Nous sommes donc inégaux face à l'envie.

Sachons interpréter nos envies

Lorsque nous envions quelqu'un ou quelque chose, c'est parce que notre situation ne nous satisfait pas. Encore faut-il décrypter ce que nous souhaitons. Dans le cas de Jérémy, il envie Philippe parce qu'il veut être à l'aise avec les autres et réussir professionnellement. Il se sent incapable et a peur de ne pas connaître les succès qu'il recherche. La peur est souvent présente dans ce type d'émotion : nous envions parce que nous craignons. Prenons le temps de comprendre nos envies, elles peuvent nous être fort utiles dans notre vie.

Nos envies sont des pistes

Observons nos envies. Par exemple nous envions telle personne parce qu'elle réussit dans telle discipline. L'envie est souvent proche de l'admiration mais nous y mêlons une sorte de cruauté. Si la personne que nous envions connaît un insuccès, nous sommes ravis. C'est assez malsain, mais il faut admettre que nous ne sommes pas toujours des anges. Par contre, il n'est pas souhaitable d'entretenir de tels sentiments. Cherchons plutôt à voir pourquoi nous réagissons ainsi. Ne serait-ce pas parce que nous sommes doués pour la même discipline ?

Sortons de nos envies

Pour nous libérer de nos envies, il faut agir. Une fois que nous en avons pris conscience, examinons comment faire pour sortir de ce cycle infernal et réussir à nous assumer. Apprenons à canaliser cette énergie nuisible pour la transformer dans notre propre intérêt. Qui envions-nous ? Pourquoi ? Quelle action devons-nous entreprendre ?

À RETENIR

L'envie est mal vécue, d'autant plus qu'elle génère des émotions très diverses et peu plaisantes, comme la colère, la peur, la tristesse et même la haine.

C'est parce que quelque chose nous manque que nous envions quelqu'un ou quelque chose. L'envie prend naissance à partir d'une insatisfaction.

Nos envies nous signalent que nous avons besoin de quelque chose. Sachons dépister ce qui nous manque. Étudions nos réactions et nos ressentis.

En réalisant que nos envies correspondent à des manques intérieurs, nous pouvons mettre en œuvre des actions pour les combler. Nous pouvons faire de nos envies des précieux alliés pour débusquer nos talents et développer notre potentiel.

La colère

« Quand le sage est en colère, il cesse d'être sage. »

Le Talmud

Témoignage

« Je suis rentré à la maison, un soir, extrêmement nerveux. J'ai conscience d'avoir été très irascible envers Violaine, ma compagne, alors qu'elle ne le méritait pas. J'étais fermé, maussade. Je ne parvenais pas à exprimer ce que je ressentais. À table, j'ai injustement crié après elle, lui reprochant d'avoir préparé un plat que je n'aimais pas. Je suis allé dans la cuisine pour me faire autre chose. J'étais dépité. Pourquoi étais-je aussi désagréable avec Violaine ?

Quand je suis revenu près d'elle, elle avait terminé son repas. Elle s'est levée et a regagné la cuisine, en silence. J'ai senti que j'avais dépassé les bornes. Je suis allé la retrouver et je l'ai priée de m'excuser. Mais elle ne me répondait pas. Elle faisait la vaisselle, sans dire un mot. J'ai expliqué que j'avais passé une sale journée : "Quand je suis arrivé à l'agence ce matin, j'ai appris que le client avec qui je devais signer un gros contrat avait décommandé. Je vais donc réaliser un très mauvais chiffre ce mois-ci. L'agence a déjà licencié deux collègues, en raison du faible volume de ventes qu'ils ont effectué. J'ai peur qu'il ne m'arrive la même chose. Le secteur ne se porte pas bien et beaucoup d'entreprises ferment. Le directeur d'agence est très inquiet et l'ambiance est assez stressante." Au fur et à mesure que j'expliquais à Violaine ce qui m'arrivait, je comprenais que j'avais très peur. Cela me rendait insupportable avec elle. Je me suis souvenu que, sur la route, je m'étais défoulé au volant, en pestant après tous les chauffards, ce que je ne fais que très rarement. Je devenais odieux. J'étais en colère contre la fragilité de ma situation. Plus exactement, j'étais en colère contre moi-même parce que je ne parvenais pas à obtenir des contrats. Je me sentais menacé. La peur me faisait perdre tous mes moyens. Heureusement, Violaine a compris et a contribué à me calmer : "David, tu n'as pas en t'en vouloir si les gens ne signent pas. C'est le contexte économique qui est en cause. Essaie plutôt de voir combien de temps ton agence peut tenir ainsi. Discute avec ton directeur. Et si tu dois changer d'emploi, ça n'est pas dramatique." J'ai retrouvé mon calme. Depuis, la situation s'est un peu arrangée et j'ai conservé mon emploi. Cet épisode m'a permis de prendre conscience des dégâts que je pouvais faire lorsque je ne faisais pas attention à ce que je ressentais. Désormais, j'essaie de ne plus me laisser entraîner par mes émotions. Je m'efforce de les comprendre. »

David, 36 ans

Un peu de théorie

Qu'est-ce que la colère ?
La colère est une émotion qui nous indique notre insatisfaction. Elle nous signale que quelque chose ne va pas. Nous sommes perturbés, mal à l'aise. Nous devenons agressifs, tendus.

Comment se manifeste la colère
Le comportement colérique peut aller du simple agacement jusqu'au coup de pied dans la porte. Plus la colère est contenue, plus son expression est forte lorsqu'elle sort. La colère est assez primitive. Lorsque nous laissons exploser notre colère, nous avons du mal à nous contrôler. L'expression « il est hors de lui » montre à quel point il est difficile de la maîtriser. La folie peut

aisément nous gagner. Nous pouvons nous laisser emporter par la colère et faire n'importe quoi. La colère démarre avec des signes annonciateurs comme l'anxiété ou l'impatience. Cette sensation n'est pas agréable. Nous savons que quelque chose nous contrarie. Si nous ne faisons rien pour y mettre un terme, nous devenons sensibles aux événements qui, généralement, nous laissent indifférents. Une situation (de trop) va déclencher la colère. C'est un peu comme une soupape qui, tout d'un coup, jaillit. En explosant, nous montrons que nous avons perdu le contrôle. De ce fait, nous nous sentons encore plus vulnérables.

Après quoi nous mettons-nous en colère ?

La colère est rarement dirigée contre ce qui l'a provoquée. Comme David, qui se met en colère après Violaine : Violaine n'a pourtant rien fait pour provoquer une colère aussi démesurée. L'emportement de David contre sa compagne n'est pas justifié. Son expression prouve que des événements antérieurs l'ont troublé. David va, fort heureusement, chercher quelle est la véritable raison de sa colère. Il va s'apercevoir qu'il a peur de perdre son emploi parce qu'il ne remporte pas suffisamment de contrats. Sa colère est donc dirigée contre lui-même. C'est généralement le cas : notre colère est dirigée contre nous. Quelque chose nous contrarie. Nous nous sentons impuissants. Mais la colère peut aussi être dirigée contre une personne : un parent autoritaire ou blessant par exemple.

Décelons à temps ce qui nous déplaît

Pour éviter de nous mettre en colère, il faut prendre conscience que quelque chose ne nous satisfait pas et y remédier. Avec un peu d'entraînement, nous pouvons aisément y parvenir. Pour cela, il faut prêter attention à ce que nous ressentons, en arrière-plan. Reprenons l'exemple de David. Il se met en colère après sa compagne parce qu'elle a préparé un plat qu'il n'aime pas. Le plat a déclenché la colère de David car c'est une insatisfaction de trop. Il ne peut plus en supporter davantage. En remontant dans le temps, David va se souvenir qu'il n'a pas remporté le contrat qu'il escomptait dans la journée, ce qui a mis en route le mécanisme de la peur. Au lieu d'aller voir son responsable et de discuter calmement avec lui de la situation, David a alimenté son anxiété toute la journée. Il a été de plus en plus en colère contre lui, car incapable d'obtenir des contrats. La colère doit s'exprimer à un moment donné pour que la situation reste viable. C'est ce que David a fait, mais un peu tardivement, d'où une colère inappropriée et démesurée. Il vaut mieux essayer d'y voir clair dès que quelque chose nous agace. Il faut s'efforcer de comprendre ce qui nous arrive pour pouvoir y remédier.

Mettons des mots

Pour comprendre ce qui a déclenché notre colère, il faut nommer les choses. « Je suis en colère parce que je n'arrive pas à gagner correctement ma vie ». À partir de là, il faut s'interroger : « Que puis-je faire pour gagner correctement ma vie ? ». Cela permet d'agir dans la bonne direction.

À RETENIR

La colère nous permet de constater que nous ne parvenons pas à obtenir ce que nous voulons. Ce sentiment désagréable est un signal fort. Grâce à lui, nous pouvons nous interroger et trouver des solutions. Plus nous prenons rapidement conscience de notre colère, plus vite nous pouvons remédier à ce qui nous déplaît.

Si nous n'exprimons pas notre colère, nous risquons de nous rendre malades. Nous pouvons alors alimenter des sentiments de rancune et de frustration. Il faut que la colère puisse sortir. Plus nous contenons notre colère, plus nous aurons du mal à contrôler son expression.

Lorsque la colère s'exprime, il faut la considérer comme telle. Nous sommes en colère, soit. Cette prise de conscience va nous permettre de clarifier notre situation. Pourquoi sommes-nous en colère ? Qu'est-ce qui a bien pu déclencher cette émotion ? Remontons le fil du temps pour arriver à la source de la colère.

La colère nous sert de guide. Il faut être à son écoute et avoir le réflexe de chercher ce qui l'a créée. Ainsi, nous serons en mesure de mettre à profit son existence. Nous trouverons des solutions satisfaisantes et pourrons obtenir des changements heureux.

Changer

« J'apprends aussi longtemps que je vis. »

Râmakrishna

Témoignage

« Il m'arrive plein de bonnes choses en ce moment, je sens que je traverse une période faste. Mais ça n'a pas toujours été le cas. J'ai beaucoup changé en dix ans. J'ai progressé. Je me sens bien dans ma peau aujourd'hui. Pour y parvenir, j'ai vécu seul. Cela m'a permis de réfléchir, de faire le bilan, de voir ce que je pouvais changer pour aller mieux. Par exemple, j'ai longtemps eu tendance à faire confiance trop rapidement aux gens. Cela m'a valu beaucoup de déceptions. Je croyais que j'allais avoir le contrat du siècle, par exemple, ou que j'avais enfin rencontré la femme de ma vie ! Aujourd'hui, quand je fais la connaissance de quelqu'un, que ce soit dans le milieu professionnel ou simplement sur le plan amical, je fais attention. Je ne m'enthousiasme pas comme je le faisais auparavant. J'attends que les liens soient plus solides. Je prends le temps. J'ai eu de nombreuses déconvenues sentimentales. Pour moins souffrir, j'utilise le mind mapping. En écrivant, je peux ainsi structurer ma pensée. Après, je me sens mieux, parce que la situation s'est éclaircie. Je vois plus clair en moi. Maintenant, j'utilise cette méthode même quand je vais bien. C'est très efficace pour élaborer un point de vue. J'utilise d'autres techniques très efficaces aussi, comme le collage. La première fois que je l'ai pratiqué, c'était pour trouver le métier de mes rêves. Je ne savais pas quelle profession exercer. Les premiers collages m'ont bouleversé tellement je les trouvais beaux et en résonance avec ce que j'étais profondément.

Mais, je n'ai pas compris tout de suite ce qu'ils me montraient. C'est un peu plus tard que j'ai pris conscience de leur message : ils m'indiquaient de raconter des histoires. Aujourd'hui, je suis scénariste. C'est peut-être aussi pour cela que je me sers de méthodes en lien avec l'écriture. Lorsque je veux comprendre un problème, je fais des listes. C'est plus rapide que le mind mapping et je peux l'écrire, même sur un bout de feuille. J'ai toujours un carnet sur moi qui me sert à noter ce genre de choses ou des idées de scénarios. J'ai beau me sentir super bien en ce moment, je sais que cette situation n'est pas définitive. Tout change tout le temps. J'apprends chaque jour. Je m'efforce de demeurer positif mais, parfois, je suis moins en forme et moins vigilant. Je me mets à râler, à trouver que tout va mal, je ne supporte plus les gens… J'ai encore du boulot si je veux devenir zen. Être positif est un travail quotidien. »

Michael, 37 ans

Un peu de théorie

Soyons positifs et optimistes

Pour déconditionner notre esprit trop souvent pessimiste, appliquons la méthode des phrases positives. Il s'agit de transformer nos propos négatifs en tournures positives qui ne seront pas en contradiction avec ce que nous pensons intimement.

Pour dénouer un blocage ou pour clarifier une situation, nous pouvons, par exemple, écrire ce que nous ressentons. Le fait de l'écrire va débloquer des choses et nous permettre de trouver des solutions. L'écriture apporte une mise à distance. Nous nous impliquons moins dans l'événement. Écrire déclenche un processus de résolution.

L'art de la visualisation peut aussi libérer les tensions et renforcer la confiance.

Essayons-la tout d'abord sur des événements à venir, simples. Par exemple, nous devons prendre la voiture pour nous rendre dans un quartier très encombré et nous redoutons de ne pas trouver de place pour nous garer. Respirons, détendons-nous et visualisons-nous : nous arrivons en voiture dans la rue. Nous roulons doucement. Nous apercevons un clignotant : une place se libère. Elle est pour nous. Pour que cela fonctionne, nous devons y croire (et ça marche !).

Martin Seligman, spécialiste de la psychologie positive, a mis en lumière trois critères pour vivre dans l'optimisme : la permanence, le particulier et l'espoir. Ainsi, préférons « *J'ai toujours de la chance* » à « *J'ai de la chance aujourd'hui* ». Soyons précis : « *Martin est injuste* » et non « *Tous les directeurs sont injustes* ». Préférons « *Il y a de fortes chances pour que cela ne soit pas grave* » à « *Il y a de fortes probabilités pour que cela soit un cancer* ».

Lisons des contes

Les contes détiennent la sagesse. Ils ont traversé les âges, portés uniquement par la parole. Ils se sont transmis ainsi, ce qui montre qu'ils sont incroyablement vivants. Les contes renferment des vérités accessibles à tous : chacun y puise selon son besoin de connaissance. Les contes nous parlent de la vie, de l'être humain. Ils nous aident à franchir des étapes. Ils nous montrent le chemin pour devenir plus conscients et plus heureux.

L'art du collage

Prenons une pile de magazines. Déchirons trente pages qui nous plaisent. Ensuite, à l'aide de ciseaux, de feuilles blanches et de colle, réalisons un collage. Notre œuvre va nous révéler et nous faire découvrir des traits de notre personnalité. Le collage est très utile lors de périodes difficiles. Il apaise, recentre et délivre des messages facilitant notre évolution. Nous pouvons choisir des thèmes au préalable (par exemple : faire sa biographie) ou simplement se laisser aller au plaisir de la composition.

L'utilité des listes et du mind mapping

Pour nous faciliter la vie, rédigeons des listes. De nombreuses situations s'y prêtent parfaitement : lorsque nous n'allons pas bien, listons ce qui ne va pas, puis ce que nous souhaitons et enfin ce que nous devons faire pour que les choses changent. En mettant à plat ce qui encombre notre esprit, nous créons l'espace nécessaire pour y voir plus clair. Cette technique peut s'appliquer à de nombreux domaines (liste des peurs, des chagrins, des gens qui me font du mal, des amours, des succès, etc.).

Quant au mind mapping, encore appelé cartographie, il fonctionne à la manière d'un « brainstorming ». Lorsqu'un problème nous tenaille, il suffit d'écrire son nom (un mot-clé) au centre d'une feuille, et de l'entourer. Ensuite, nous inscrivons toutes les idées secondaires, autour de ce mot. Nous les entourons également d'un cercle que nous relions par un trait. Lorsque nous avons épuisé toutes nos pensées, un diagramme s'est formé. Relisons le tout. Au besoin, choisissons un aspect que nous souhaitons développer et procédons de la même façon. Comme le dit Michael, cet exercice est très efficace pour clarifier notre pensée.

À RETENIR

Pour demeurer optimistes, sachons transformer nos pensées négatives. Trouvons la phrase qui va nous permettre de changer notre point de vue.

Nous avons besoin, périodiquement, de faire le point et de nous livrer à une introspection pour modifier une situation, résoudre un problème ou faire le point avec nous-mêmes. En écrivant ce qui nous pose problème, nous trouvons une solution.

Nous pouvons adopter l'écriture libre ou le mind mapping ou encore les listes : tous les procédés sont bons pour comprendre ce qui se passe en nous.

La pratique de la visualisation permet d'avoir confiance. Mais nous devons croire en son efficacité.

Utilisons nos anciennes revues pour nous livrer à l'art du collage. Réaliser une telle œuvre va nous permettre de nous révéler.

Accueillons les contes comme les enfants : avec simplicité et innocence. Ils nous enseignent l'amour et la vie.

Conclusion

Le lâcher-prise est un marathon, pas un sprint ! Ce guide nous apprend que ce sont une multitude de petites actions fréquentes qui peuvent nous permettre de relativiser les soucis du quotidien.

Le caractère et la personnalité sont déterminants dans la manière d'aborder le lâcher-prise. Quelqu'un qui a le sens du sacrifice, qui pense aux autres, notamment à ses enfants ou à ses amis, avant son bien-être personnel, aura certainement beaucoup de difficultés à lâcher-prise. Les regrets sont aussi source de frustration : ne pas avoir eu le courage de saisir une opportunité au moment où elle s'est présentée par exemple, rester dans un travail que l'on n'apprécie que modérément favorise le mal-être.

Le lâcher-prise représente finalement un processus qui vise à changer petit à petit les réflexes et les habitudes d'une personne. L'essentiel est de s'accorder du temps : faire des activités qui procurent du plaisir, s'acheter des petites bricoles, voir ses amis, faire de nouvelles rencontres… Réussir à se libérer du stress lié aux obligations familiales ou professionnelles est la clé pour se sentir mieux et relativiser.
De cette façon, la faculté de lâcher prise s'insérera naturellement dans le quotidien et mènera à l'épanouissement.

Auteurs : Frédérique Van Her et Charlotte Legris
Illustration de couverture : Vivilablonde

EDITIONS ESI
100, rue Petit - 75019 Paris

Imprimé par FINIDR - Lipova cp. 1965 - 73701 Cesky Tesin - République Tchèque
© Éditions ESI - Dépôt légal : août 2014 - Achevé d'imprimer : juillet 2014
ISBN : 978-2-8226-0365-2
N° Sofédis : S558571

Tous droits réservés pour tous pays.

« Toute représentation ou reproduction, intégrale ou partielle, faite sans le consentement de l'auteur, ou de ses ayants droit, ou ayants cause, est illicite » (article L.122-4 du code de la propriété intellectuelle). Cette représentation ou reproduction, par quelque procédé que ce soit, constituerait une contrefaçon sanctionnée par l'article L.335-2 du code de la propriété intellectuelle. Le code de la propriété intellectuelle n'autorise, aux termes de l'article L.122-5, que les copies ou les reproductions strictement réservées à l'usage privé du copiste et non destinées à une utilisation collective, d'une part, et, d'autre part, que les analyses et les courtes citations dans un but d'exemple et d'illustration.